それぞれの人生てつがく

鈴木 哲法
Tetsunori Suzuki

京都新聞出版センター

目次

楽しさが人を元気づける　苦しむ子　あの頃の僕自身

児童や若者の自立援助に情熱を注ぐ

龍尾　和幸さん（67）

山村暮鳥の「人間はみな苦んでゐる」の言葉で始まる詩に勇気づけられると話す龍尾和幸さん（京都市中京区）＝撮影・船越正宏

多感な少年期に、不運が押し寄せた。

龍尾和幸さん（67）は中学1年の時、闘病中の父親が胃がんで逝き、翌年に兄が交通事故で亡くなった。生活は困窮し、母親の力になりたいと中卒で就職しようと決意した。当時は、北九州市に住んでいた。

中3の冬、クラスで担任の先生が高校受験の問題を出し、「分かるものは手を挙げろ」と言った。自分も参加したかった。手を挙げると、先生は「おまえは就職だろが、向こうを向いとけ」と声を発し、同級生と一緒に笑ったのだった。

その悲しみは今もある。「あの時、先生は、高校に行く君たちも偉いが、お母さんを助けるために働くことも同じように立派なんだと、なぜ言ってくれなかったのか」

不運は重なり、17歳の時に鋳物会社の工場で利き手の右手を挟まれ、切断しなければならなかった。見舞いに来てくれる人は「負けるな、頑張れ」と精神論で声をかける。もっと大変な人もいると励ます。だが、素直になれなかった。

「なぜ、苦しみを勝手にてんびんにかけるのか。頑張る方法が分からないから苦しかった。どうすれば左手で、以前のように字を書けるのか、うどんやそばを箸の間から落とさずに食べられるのか」。精神論と方法論のずれに苦しんだ。

ようやく光を見いだしたのは、ふてくされても暴れても、ベッドのそばで涙を流して編み物をしていた母親の姿。そして、転院した労災病院に日曜ごとに見舞いに来てくれる友達の存在だった。

友達は頑張れとは言わなかった。入院時に外出できたので、映画に行こう、喫茶店に行こうと誘ってくれた。来週また来るよと言って帰っていった。「正しいことに日本人は価値を置くけれども、実は楽しいことが人の心を元気づけることに気づいた」

その後、定時制高校に進み、佛教大を卒業。京都市内で家庭に恵まれなかったり、中卒や高校中退で就労が不安定な子どもたちの自立援助に情熱を注いだ。定年後、岡山市にある児童養護施設に招かれた。週に1度、京都の大学で社会福祉の非常勤講師も務める。

「苦しむ子どもたちは、あの頃の僕自身です。戻れないですけどね、自分自身の過去を救いたいのかもしれません」。生きている限り、子どもたちに向き合いたいと語る。

（2017年11月6日）

【追記】

龍尾和幸さんは2022年秋から、子育て相談室「無花果《いちじく》の花」を滋賀県大津市内に開設し、相談室長を務めている。

相談室の名前は「無花果は花が見当たりにくいだけで、小さな『花托《かたく》』といわれる部分にあります。子どもたちは、必ず豊かな心を宿した人生の果実を実らせる時が来ます。今、花が見当たりにくいだけのことにすぎない」との思いや願いを込めて付けたという。

「不登校やひきこもり、家庭内暴力、リストカットなど、学齢期や思春期の子どもたちや悩みのさなかにある保護者の話に耳を傾け、アドバイスできれば」と話す。

許すことが大切。人も、国も
壁はだめ　人間に懸ける橋を

独身で日本人の男の子を育てた

マリルネ・ノワールさん（75）

毛筆で書いた「平和初光」。人間の心や国の平和の大切さについて話すマリルネ・ノワールさん（京都市中京区）

京都に来て40年以上になる。親日家だ。

マリルネ・ノワールさん（75）は、フランスのリヨンカトリック大の教育音楽科を卒業。アフリカのルワンダ、東南アジアのベトナムで暮らした後、京都市内の短大などでフランス語やフランス文化を教えた。

１９８８年、40代半ばのとき、「母になりたい。愛に恵まれない子どもを幸せにしたい」と、京都市児童相談所に里親登録の申請を行った。単親でも里親になれる国の制度改正直後のことで、何度も児童相談所に熱意を訴えた。

独身の外国人女性からの申し出に、児童相談所は驚いたが、面接や家庭訪問を通して「母性が豊かで養育の資質があり、生活も安定している」と判断。日本人の小学1年生の男の子をノワールさんに託した。

一緒に生活するなかで、男の子は赤ちゃんがえりをしたり、つよく反発したり、本当に受け入れてもらえるのかどうか試す行為をした。ノワールさんは辛抱強く耐え、親子関係を一つ一つ紡いでいった。

男の子は高校の途中から渡仏し、成人していま、馬を育てる仕事をしている。まもなく、36歳になる。２人は法的にも親子になっている。

ノワールさんは京都市左京区に住み、フランスと行き来している。日本語を話すことができ、書道も得意だ。毛筆で漢字、かなを鮮やかに書く。フランスの人々に日本のことをもっと知ってほしいと、細川ガラシャを主人公にした歴史小説をフランス語で出版、「長崎の鐘」などの著作で知られる故・永井隆博士の全集の抜粋も翻訳した。

現代的な東京よりも、伝統文化や芸術がまちに息づく京都にひかれるという。「私は古いものが好き。日本はフランス人の私には、理解しにくいことがある。でも、人々はていねいで落ち着いている」

これまで大切にしてきた言葉を尋ねた。

「許す、です」

明快に答え、その言葉に植物のマンリョウの実を描いた色紙を見せてくれた。以前、したためたという。許すは、「赦《ゆる》す」の意味も含んでいる。

人間の付き合いは気をつけていても行き違いが避けられないことがある。「許さなければ、私は生活できない。憂鬱《ゆううつ》になる。心が平和でないと落ち着かない。すぐには許すことができないときもある。しかし、許すほうが生きやすい」

人と人との関係だけでなく、国と国との関係も同じと言う。「たとえばフランスとドイツは、戦争の時はものすごく溝があった。でも、許した。壁はだめ。問題があれば橋を、人間に懸ける橋をつくってください」。人生を通じて深めた確信をこう話した。

（2017年11月20日）

【追記】

マリルネ・ノワールさんは、フランスに帰国されました。

本は未知の世界を開く扉　好奇心失わず、風のまにまに

宮津市出身の作家

山崎　洋子さん（70）

「14歳まで宮津に。海を見て、いつか水平線の向こうに行けるかもと憧れていました」と話す山崎洋子さん（横浜市内）

子どもの頃、不遇であった。

山崎洋子さん（70）は宮津市で生まれ、ものごころついた時に両親と離別。祖父母と暮らしていたが、8歳の時、頼りになるはずの祖母が入水した。

小学生から中学生にかけて時間があれば、「現実から逃避できる唯一の場所」である海のそばの図書館に向かい、少年少女世界文学全集や豪華列車が登場するアガサ・クリスティの翻訳ミステリーなどを読んで過ごした。

「本は私にとっては未知の世界を開く扉。いつまでも続く幸せはないけれど、いつまでも続く不幸もないと教えてもらいました」

14歳になり、再婚していた母のもとへ行き、義父や義弟と暮らしたが、「いつも異分子みたいに感じ、早く家から出たくて仕方がなかった」。神奈川県の県立高校を卒業して広告代理店に就職し、コピーライターになった。

21歳で結婚したが、男の子を残し、飛び出るように家を出た。「家庭のつくり方がよく分からなかった。自分を守ってくれる人を求めていたはずなのに、自分がずっと守られるわけはないという気持ちもあった。本当に罪深いことをした」と自責の念を抱く。

二度目の結婚後に推理小説を書き始め、38歳の時に「花園の迷宮」で江戸川乱歩賞を受賞し、作家の道に進んだ。

夫は、きちんと話を聞いてくれる人だった。毎晩のように同じことを繰り返し話した。「子どもの頃、私はなんてひどい目に遭っていたんだろうって」。読書をしていても本を閉じ、向かい合って静かに耳を傾けてくれた。

ただ、夫は浪費家で経済的な苦労はあった。末期がんで闘病する夫を、仕事を続けながら介護し、看取《みと》ったのは1997年、山崎さんが49歳の時だ。

以後、ひとりで暮らしている。

老後てふ獣道あり山法師

60代になって、山崎さんは、こう俳句を詠んだ。修験者のように山の中をかき分け、かき分け歩いていく人を懸けた。「前が見えないというか、からだもだんだん弱くなってくるし、思い悩んだ。老後が不安でした」と語る。

今年、古希を迎え、新たに俳句をつくった。

この先は色なき風の誘ふまま

「古希は古来まれです。好奇心は失わず、風のまにまに生きようと。身内や友達が亡くなるのは淋《さび》しいけど、長生きすれば、そうなります。そのつらさは私だけじゃなく、みんなたどる道。日々を楽しめばいい、堂々としていよう、と思うようになりました」

意欲を取り戻した山崎さんは今、戦後の横浜を描いた「天使はブルースを歌う」に続くノンフィクションに挑んでいる。

（2017年11月27日）

続けることが生きる力に　写真通じ発見と〝宝〟の出会い

近江富士を撮り続ける

八田　正文さん（83）

自宅に展示している「白い伊吹」。三上山の後方に冠雪した伊吹山が見える。「思い出深い写真」と話す八田正文さん（野洲市内）

三上山は古来、紫式部や西行の和歌にも詠まれてきた。標高はわずかに432メートルで、富士山に遠く及ばないが、円すい形の優美な姿から「近江富士」と称される。

八田正文さん（83）は、野洲市の自宅そばにある三上山の写真を40年以上撮ってきた。京都市内の私立高で理科教諭をしていた1970年秋に移り住んだ。もともと写真を撮るために選んだ地ではない。

列島改造景気にのって野洲周辺も大きく変化を見せていく。新しく開発された住宅地に移住した自分も風景を壊す加害者であるとの思いもあり、「三上山の風景を記録に残しておきたい」と撮り始めた。

最初の写真は移住して6年後の76年秋。にわか雨がやんで三上山に虹がかかった光景に触発された。

「月下石仏」「柿実るころ」「雪の里」など、最初は生活範囲の中で撮っていたが、意外と遠くからでも見えることに気がついた。京都市左京区花背の峠や奈良県平群町の生駒山からなどの遠望を収めた。

なぜ、これほどまで三上山にひかれるのだろうか。

「コツコツと長く、と言えば格好はつくのですが、気がついたらはまりこんで面白いからやってきただけです」と気負いなく話す。

一番心に残る写真を尋ねると、「白い伊吹」を挙げた。冠雪した滋賀県最高峰の伊吹山、その手前に三上山が見える。両山を写すことができる場所を探すのに2年あまりかけ、ようやく撮影に成功した。

「写真は作品がすべてで撮るまでの苦労は関係がないと、人には言ってきたのですが、『白い伊吹』だけは、この間の苦労をプラスアルファしたい」

この写真から「思わぬ発見」もあった。

大津市内の撮影地から三上山までの距離と伊吹山までの距離を計算すると、伊吹山のほうが高く見えるはずなのに、写真では両山の高さは、ほぼ同じ。

そのわけは「地球が丸いから」で、伊吹山が少し沈んで見えるためであった。

定年後の1999年から土曜と日曜に、自宅に展示した写真を一般の人に見てもらっている。八田さんは誰も見に来ないのではないかと気が進まなかったが、妻から「とにかくやってみなければ分からない」と背中を押してもらった。

「写真を通じて、私は人生の宝になる出会いをもらいました。いま、日々交流のある人は、展示してから縁が縁を呼んで出会った人たちです」

毎朝パソコンに向かう。定期的に撮影した中から写真を1枚選び、文章を書いてホームページで発信している。1時間から2時間かかる。「朝のお勤めだと思って」

あわせて、カメラ愛好者向けの写真教室も開いている。「きざな言葉ですが、続けていることが生きる力になっているのかな」と笑顔を見せた。

（2017年12月4日）

世の中に発言しなければ 悲劇繰り返さぬため「組織罰」を

事故防止に取り組む

藤崎 光子さん（78）

「今も心の中で、娘の道子にどうしたらいいって問いかけて返事を待ち、対話しています」と話す藤崎光子さん（京都市中京区）

事故は、かけがえのないいのちと平穏な日常を失わせる。

２００５年４月25日に兵庫県尼崎市のＪＲ福知山線で起きたＪＲ西日本快速電車の脱線事故で、藤崎光子さん（78）は、乗客だった一人娘の中村道子さん＝当時（40）＝を亡くした。

「何もかも一遍に変わってしまって。人はもう12年と言うけど、私にとってはまだ12年しかたっていません」と表情を曇らせる。

東京五輪が開催された１９６４（昭和39）年、道子さんを出産した。藤崎さんはシングルマザーである。「一人で産むことを決め、産みました」。英文タイプなどの技術を生かし、大阪市内の法律事務所に勤めて生計を立て、子育てをした。

「母子家庭ゆえに経験する社会的矛盾も見えたし、いろんな人に支えてもらいました。人間は一人で生きていけるものじゃないと骨身にしみて分かりました」と話す。

娘の道子さんは短大を卒業して保育士になった後、結婚した。海外旅行後に英語習得に意欲を見せ、社会人として京都や大阪の大学に通ったこともあった。

藤崎さんは40代で法律事務所をやめ、弁護士会や弁護士などから依頼される書類を扱う印刷所を開いた。道子さんはその後、藤崎さんを支え、パソコンを担当し、印刷物の飾りを入れるなど楽しんで仕事をしていた。

しかし、親子で仕事を共にできた喜びが、一瞬の事故で悲しみに変わった。

事故後、藤崎さんは、雇っていた印刷工員が独立できるように道をつけた後、印刷所を閉じた。65歳の決断だった。

「仕事もやめて、娘の死を無駄にしない、それだけのために生きようと決めました」

犠牲者の家族に呼びかけて遺族会の結成を目指し、賛同する遺族らが集まって「4・25ネットワーク」の発足につながった。

日航ジャンボ機墜落や笹子トンネル天井板崩落、踏切やバス、エレベーター事故、東日本大震災の津波で亡くなった遺族らと交流。韓国で修学旅行の高校生らが犠牲になった旅客船セウォル号沈没事故の遺族とも「言葉はちがっても、心は通じるんですね」と国を越えて連携している。

藤崎さんは「本当はマスコミには出たくないのですが…」と胸の内を語る。

「でも、私が世の中に発言しなければ、道子は二度死ぬことになります」

事故が、世の中から忘れられるのが、なによりつらい。

今、懸命に取り組んでいるのは、必要な安全対策を怠った法人や企業の責任を問える「組織罰」を日本で法制化することだ。「実現させたい。それが78歳になった私の新たな生きがいです。

罰したくはないのですが、悲惨な事故を未然に防ぎ、繰り返さないために」と力を込めた。

（2017年12月18日）

歩くことで見えるものが

リハビリ兼ね「壮大な遊び」

琵琶湖を16周した

道本 裕忠さん (74)

「湖北の春は、大津に比べて1週間ほど遅れて訪れるように感じます」。自費出版した「琵琶湖逍遙」を手にとる道本裕忠さん（大津市）

予期せぬ発病にめげず、歩き続けた。

道本裕忠さん（74）は、1級建築士として建設会社に勤めていた39歳の時、脳幹脳炎を患い、1年後に職場に復帰した。平衡感覚が低下し、好きだった山歩きや自転車に乗ることはできなくなったが、ほかの楽しみを見つけた。

「琵琶湖の周りは湖北の一部を除いて、ほぼ平らです。鉄道駅もあるので、リハビリを兼ね、なんとか自分でゆっくり歩いて1周できるのではと思い立ちました」

歩くコースにもよるが、1周はおよそ220キロから230キロ。15～16区間に分け、仕事を続けながら1年間で1周する計画を立て、1993年から休日に歩き始めた。1日で20キロ歩いたこともある。

目的地の最寄り駅まで着くと電車で自宅に戻り、次の休日はその駅まで電車に乗って行き、再開するやり方を選んだ。「同じ場所でも、季節、天候、時刻によって、琵琶湖はちがった風景、表情を見せてくれる。毎回、新しい発見があります」

飛来するコハクチョウ、湖面に浮かぶカイツブリ、沖島や夕暮れの比良連峰、観音の里…。さまざまな物や景観に出合った。

5周目のさなか、累計千キロになったときに、周回の随想をつづった「琵琶湖逍遙《しょうよう》」を自費出版し、励ましてもらった人への報告とした。その後、新たな楽しみをと、地図作りなど測量の基礎となる「三角点」の探訪を加えた。60歳で定年退職した後も、山や平地など県内に約1千点ある三角点のうち、歩くコースの約500メートルの範囲にある80点を探しながら歩いた。

「電車や自動車からは見えないもの、歩くことでしか味わえないものがあります」

ただ、思わぬ遭遇もあった。スズメバチに襲われ、携帯電話で119番通報。県のヘリが出動した。「救助を待つ間、消防が無事かどうか確認するため数分おきに携帯に電話をくれて、外部とつながっていることが、とても心強かった」と感謝する。

三角点巡りの写真をはじめ、民家や川などを描いた自作のスケッチ、随想をまとめた「続琵琶湖逍遙」を昨年7月に出版した。これまでに琵琶湖を16周し、四国の遍路やスペインの巡礼道も歩いてきたが、近年は歩きづらくなり、座る生活が主だ。家の中で好きなモーツァルトの曲を聴いて過ごすことが多い。

琵琶湖を歩いて周回したことが、道本さんの人生にとって、どんな意味を持つのか尋ねた。

「目標の20周は実現できませんでしたが、喜びと楽しみを十分に与えてくれました。琵琶湖をフィールドにした壮大な遊びを楽しませてもらったと思っています。あと4年で金婚式。側面から、歩くのを支えてくれた妻に何かプレゼントしたい」と、はにかんだ。

（２０１７年12月25日）

【追記】

道本裕忠さんは、２０２３年１月に逝去されました。

小事大切にして信頼得る　警察OB「人間味を持って」

地域社会の安全の一端を担う

山内　康正さん（80）

「体が動く限り、少しでも安全な社会に役立てれば」と話す山内康正さん（京都市中京区）＝撮影・水沢圭介

「被害者の無念を晴らしたい」と、長年仕事をしてきた。

山内康正さん（80）は岡山県内の農家の四男として生まれ育った。18歳の時、旧国鉄津山駅前の交番で凛《りん》とした姿で立番警戒をする警察官の姿を見て、「自分の仕事はこれだ」と心に決めた。

就職難の時代で、試験会場には多くの希望者が詰めかけていた。「合格は難しい」と思ったが、縁あって京都府警に採用された。以後、交番勤務を経て、主に刑事畑を歩んだ。

出先の警察署から府警本部へ異動し、詐欺や汚職など知能犯を扱う捜査2課の次席、現場資料から捜査の糸口を見つける鑑識課長、殺人や強盗、立てこもりなどの事件捜査を指揮する捜査1課長、生活安全部長、五条（当時）署長などを務めた。

思い出深い事件を尋ねると、捜査1課長の時に、千葉県から京都観光に来た女子大学生が比叡山で行方不明になり、遺体で見つかった事件を挙げた。

「社会的に反響のある事件で、犯人を逮捕して、ご遺族などに報告することができたが、かえがえのない命は戻りません」と表情を曇らせる。

新任や幹部の教育にあたる警察学校長の際は、若い警察官たちに「小事を大切に、当事者の身になって」と説いた。

ともすれば、重要事件に目がいきがちだが、一見軽微と見えるような置引で亡き親の形見がなくなったり、毎日通勤に使っている自転車が盗まれて途方に暮れたりと、それぞれ事情があり、一つ一つ丁寧に対応することが欠かせないと強調する。

「市民は日常の身近な被害や困り事があっても、いろいろ思案した上でやっとの思いで交番を訪ねたり、届け出る。警察官は、ちまたで思案顔の市民を見かけたら『何かありましたか』と声をかけてほしい。それが信頼につながっていきます」

この思いは、警察を退職した今も変わらない。

子や孫になりすまし、にせの電話をかけて、お年寄りから現金やカードをだまし取る詐欺被害や、幼い子どもが虐待を受けて亡くなる痛ましい事件も相次いでいる。

被害防止や早期発見のために、地域の警察官が、日ごろからこまめに家庭を訪ねてアドバイスし、福祉事務所や児童相談所など行政機関と連携する大切さを痛感する、という。

「プライバシー保護や人権とのバランスが必要で、警察力は強すぎてもいけないが、人間味を持って」と後輩たちの活躍に期待している。

退職後、京都市内の民間会社で危機管理の仕事に就き、その後は親族の警備会社を手伝っている。「振り返れば、地域社会の安全にずっと、かかわってきたように思います。これからも体が動く限り、少しでも役に立てれば」と姿勢をただし、前を向く。

（2018年1月8日）

それぞれの
人生てつがく

納得を大切に、寄り添う

自由闊達な議論、冤罪防ぐ

裁判官から弁護士になった

安原 浩さん (74)

「身近な民事の問題をはじめ、刑事事件や少年の弁護にも積極的に取り組んでいきます」と話す安原浩さん(京都市中京区)

当事者の納得を、できる限り大切にしてきた。

安原浩さん（74）は東京大学法学部を卒業し、裁判官になった。司法修習生だった1960年代後半、進路を決めるに際し、裁判所の自由闊達《かったつ》な雰囲気にひかれた。「裁判長や陪席の裁判官が対等に議論し、司法修習生の意見も聞いてくれました。冤《えん》罪《ざい》の発見や捜査手続きなどの人権侵害を厳しく判断する刑事裁判官になりたいと思いました」

広島地裁に赴いた後、名古屋地裁豊橋支部や東京地裁、旭川地家裁、大阪高裁などに勤務。神戸地裁姫路支部の時、道交法違反（無免許運転）の罪に問われた兵庫県の男性にボランティア活動を勧め、公判中に行ったことで更生意欲を認めて刑を軽くする判決を言い渡し、話題になった。

阪神大震災の後でボランティア活動が盛んになった時期だった。高裁は道交法違反とボランティア活動は関係がないと、その判決を破棄したが、安原さんは「犯罪の種別や内容によっては量刑にボランティア活動を考慮するケースがあっていい」と考えている。

大津地裁では97年に裁判長として、42人が亡くなった信楽列車事故を引き継いだ。現場検証は前の裁判長の時に済んでいたが、「自分で見ないで間接的にやるのはいかん」と、再び検証を行った。審理は、検察側と弁護側が証拠の開示をめぐって対立しており、争点をはっきりさせるため、途中で裁判所の「見解」を示し、早期審理を進めた。

刑事裁判で初めに争点を明らかにして審理していくやり方は、現在では一般的に行われており、その先駆けといえる。

2008年に松山家裁所長を最後に65歳で定年退官した。「裁判官の独立を考え、いろいろ工夫して訴訟指揮をしてきました。良心に照らし、自分なりのやり方は通すことができたと思います」と振り返る。

その後、明石歩道橋事故で「検察官役」の指定弁護士を務めた。市民で構成される検察審査会の議決で強制起訴された被告は最終的に時効成立による「免訴」となったが、「職責を果たすことができた自負はあります」と語る。しかし、指定弁護士が再び捜査する際の補助態勢が不十分で、今後の改善が欠かせないと指摘する。

現在の司法で気がかりなのは、任官当時に感じられた裁判所の自由闊達な雰囲気が次第になくなってきていること。「最高裁は、その点をしっかりと見直してほしい。また、冤罪事件の検証が十分になされていない」と懸念する。

今後を尋ねると、「まちなかで困っている人たちに寄り添っていきたい。身近な民事の問題をはじめ、刑事事件や少年の弁護も積極的に取り組みたいですね」と柔和な表情を見せる。山本周五郎の小説「赤ひげ診療譚《たん》」の医師のように、市井の人々の心のひだを感じ取れる弁護士を目指す。

（2018年1月15日）

それぞれの
人生てつがく

物語を人々の心に届ける 生きる切なさ 弾き語る唄

シンガーソングライター

下田 逸郎さん（69）

「唄をつくってライブをして、旅をして、というのがないとだめなんでしょうね」と自身を語る下田逸郎さん（京都市中京区）＝撮影・辰己直史

うたは、作り手と聴き手の心が共鳴してはじめて、時代にのこる作品となる。

下田逸郎さん（69）は団塊の世代である。「高校時代、周囲が大学への受験受験で、なんか違うな、この流れには乗りたくないと思った」。作曲家の故・浜口庫之助さんに師事した。劇団「東京キッドブラザース」の音楽監督を務め、ミュージカルのニューヨーク公演は好評を博した。

20代半ばで日本を脱出。欧州を経て、２度目の米国から日本に帰るときに誕生したのが、作詞作曲した名曲『踊り子』である。


♬まわる人生のステージで踊るあなたの手ふるえてきれいね

笛の音、哀愁を帯びたメロディーだ。恋や愛を越えて、生きることの切なさが織り込まれ、普遍性や永遠性を包含したといえるだろう。

誕生のきっかけを尋ねると「羽田空港に降り立つ飛行機の窓から夜景を見ていた時、工場地帯の煙突からボウッと炎が出ていて、なにか境目を渡っているような感じを受けました。うまく手放せたのかもしれません」と明かしてくれた。

下田さんは、歌でなく、「唄《うた》」と表現する。唄ができるのは「次の場所でもいいし、次の人間関係でもいいし、そういうときですね。過去みたいなものを捨てていくというか、置いていくのかも。舟にたとえるなら、この島から次の島に行くときに、この島で1曲置いていく感じです」と語る。

転機は40代になる前。再び日本を脱出、エジプトでナイル川や広大な砂漠を目のあたりにした。「日本にいてだんだん摩耗していく感じがあって。エジプトではるかなるものに出会えたような気がします」

日本各地を放浪し、長崎で炭焼き、種子島で漁などを手伝った。業界のニーズよりも、「自分の物語をつくろう」と人生のかじを取った。「唄は基本的に自分のためにつくっています。その個人的なものが、社会的だか宇宙的だか分からないけど、時々その辺にいけると、聴いてくれる人がいます」

さまざまな土地に出向いて、大きなホールではなく数十人の小さな会場でギターを弾き語りする。京都市内ではで女性ボーカリストとライブを行う。

♫広いねこの宇宙すべてを越えて　感じていなよほんとのことだけを（「その時三日月」）

「空気の振動で聴き手に入っていくかどうか分かります。でも、吸い取ってもらえないときもあります」

今年、古希になる。新しい曲も入れてアルバムを制作したいと情熱をみせる。「ただ、総集編を出すつもりはありません。自分の物語を続けていきます」。年齢を重ね、心を揺さぶる唄をさらに追い求める。

（2018年1月22日）

懸命に信じてやっていく　新たな美　人に感動を届ける

紅彫画で近江百景を制作した

森田　洋子さん（66）

「思いやりを大切にして、前向きにプラス思考で」と話す森田洋子さん。後方は杉戸画のパネル（京都市中京区）＝撮影・船越正宏

気を入れて版木を彫り、新たな美のいのちを吹き込む。

森田洋子さん（66）が、取り組むのは紅彫画《べにぼりえ》だ。版木自体を作品にするのが特徴で、版木に下地の紅色を塗り、何層も色を重ねて最後に薄墨をかける。下図に沿って彫刻刀で線を彫り、削っていく。

京都市内で生まれ育ち、高校生の時に日本画を教わり、京都精華短期大（現京都精華大）で油絵を学んだ。油絵の公募展に入選し、卒業後も出品していたが、ある日、舞妓さんをテーマに大作の木版画を刷っていたとき、「紙に写し取った版画より、版木のほうが色がすごくきれいに見えた。版木は表に出ず、刷ったものだけが作品として残るのは何かおかしいと思いました」と話す。

１９９９年から紅彫画の制作を手がける。最初は下地の紅色と上部に黒色を塗ることから始め、だんだんと色の層をつくる手法で多彩な色合いが出せるように工夫した。

近江の風景や仏像との出合いは、滋賀県の秦荘町（現愛荘町）の歴史文化資料館から企画展を依頼されたのがきっかけだった。車を自分で運転し、あちこちまわった。「湖北や湖西、湖東、湖南、さまざまな表情があります」

桜の名所で有名な海津大崎には、枝ぶりを知りたいと、花のない真冬にも訪れてスケッチするなど「実景を見て、実景を肌で感じることを大切にしました」。

西の湖のヨシ、烏丸半島のハス、観音像など100点が完成したのは、2013年。大津市歴史博物館で「近江百景展」を開催していた時、来場していた女性3人がそれぞれ別の日に、海津大崎や白鬚《ひげ》神社をテーマにした六曲一双の「湖の音」や瀬田の唐橋の作品の前に立ちどまり、「なぜか分からないけど、この画を見ていたら涙が出てきてしまう」と目を潤ませた。

その時、「絵画の力は見ず知らずの人にそういう感動を与えることがあるのか」と胸を熱くした。

生き方を尋ねると「一朝一夕に有名になるわけではないですし、コツコツと努力しても無名で終わることもあります。自分が納得いく作品がつくれれば幸せです。いいものは残っていくし、それは後の時代の方が思われること。一生懸命、自分の思うことを信じてやっていきます」と前を見つめる。

近江百景とは別に交流のあった湖東三山の一つ、金剛輪寺の住職から頼まれ杉戸画を納めた。住職は完成を待たずに他界、生前中に喜んでもらうことはかなわなかったが、龍とハス両面の杉戸画は、ずっと参拝者に見てもらえる。

近江百景や杉戸画の制作は、城陽市の自宅で母の介護をする時期と重なっていた。葛藤はあったが、「一番大事なことは母の介護」と思い定め、夜中に制作した。
百貨店の個展に向けて、新たな作品づくりに臨む。

（2018年1月29日）

他の誰でもない一人一人　自分らしく　自立を大切に

原発の廃絶を訴える研究者

小出　裕章さん（68）

講演会で、福島第１原発事故や放射能の問題などについて話す小出裕章さん（大阪市内）

自分の信じる道を歩いてきた。

小出裕章さん（68）は、京都大原子炉実験所助教（助手）を41年間勤め、２０１５年春に定年退職した。原発の廃絶を訴える研究者として知られている。

東京で生まれ、中高一貫校に入り、６年間、地質部で部活動を行った。山を歩き回り、石を拾ってきて、地域の成り立ちを調べるのが好きだった。高校では休みの日に伊豆大島の三原山に通い、テントを張って地質の観察を続けた。

「地学少年」だったが、１９６８年、大学は東北大工学部原子核工学科を選んだ。原子力の平和利用が盛んに叫ばれていた時代だった。「地質という地味なものより、原子力発電で社会のために役立ちたいと思いました」

しかし、入学して、原発の仕組みや地域社会を取り巻く状況を知り、人生のかじを大きく切った。21歳の時だった。原発は人口の多い都会には造らず、過疎地に押しつけている欺瞞《ぎまん》性、さらにその危険性に気づいたから、と語る。

東北大大学院修士課程を修了後、京都大原子炉実験所で、実験所を動かすことや実験で出る「放射能のごみ」の管理や研究を担当した。「自分で言うのもなんですが、仕事の責任は完璧に果たしました」

あわせて、原発の問題点や危険性を発信してきた。86年に旧ソ連のチェルノブイリ原発事故が起きた直後にインタビューすると、「事故は人知を超えます」と、日本でも事故が起きると指摘していた。

だが、小出さんが鳴らす警鐘に耳を傾け、真剣に考えようとする人は少数にとどまっていた。2011年3月11日、東日本大震災、続いて福島第1原発事故が発生した。「すべての大人は、子どもたちに福島の事故の責任を負わなければいけない。私は原子力の旗を振ることこそしなかったが、事故をくい止めることができなかった。圧倒的に非力でした」と自責の念を抱く。

福島の事故後、全国から講演会や対談などにひっぱりだことなり、個人の時間を持てない日々が数年間続いた。65歳を過ぎ、以前のような体力はなくなりつつあり、講演会の回数を月に数回に減らしている。「どうしても自分が担わなければいけない仕事だけに、残っている力を使うようにしています」

これまでの人生を率直に尋ねた。「最大のあやまちは原子力に夢を持ってしまったことですが、就職もでき、やりたいことをやれたので自分自身はとても恵まれていたと思います」と気負わずに話す。

そのうえで「故郷に錦を飾るとか、立身出世とか、なにか偉くなることが人生の目的のように教育されがちですが、他の誰でもない私、他の誰でもない一人一人がいるわけです。他の誰でもない、その人として生きなければ損です。自分らしく生きること、個人の自立が大切です」。培ってきた信念が発露した。

（2018年2月19日）

人はどう自分を支えるか
「痛さ」超えた先に心通う物語

市井の人々の営みを
ノンフィクションで書く

上原 隆さん（68）

「生き難い時、理想で自分を押しつぶしてはいけないのでしょうね。駄目な自分も肯定することができれば」と話す上原隆さん（東京都中央区）

つらく、悲しいことがあり、自尊心が失われて自分が道ばたの小石のように思えたとき、人はどうやって自分を支えるのだろうか。

上原隆さん（68）が追いかけてきたテーマである。

立命館大を卒業して、東京の映画制作会社に就職した。人間を撮る記録映画づくりを志していたが、そこは企業や官庁のPR映画ばかり。別に8ミリ作品を自主制作したが、「長すぎて見るに耐えない」などの辛辣《しんらつ》な批評を受けた。

会社は経営不振で、制作から営業に変わり、毎日毎日電車に乗って名刺を持って歩いた。「自分には才能も自主制作スタッフを引きつける力もない」と、映画監督の道を断念した。

その後、哲学者の鶴見俊輔さん（故人）らの「思想の科学」編集部に加わり、離婚した男性の家事を書いて、鶴見さんから初めて褒められたという。40歳になる前だった。

中学生の頃から日記を書き続けていたが、ある日、日記のキーワードを小カードにして模造紙にグループ分けした。すると「小さい時から自分は人にほめられたい」「そのために表現したい」「だけどそれを仕事にするには才能がない」ことが浮き彫りになった。模造紙を眺めているうちに「才能がないのに、もがいている痛さ」に気づいた。

この痛さは普遍的なものではないか。この考えにたどり着き、人はどうやって自分を支えるのか、のテーマにつながっていく。

市井の人々に話を聴いて短編ノンフィクションを書いた。本「友がみな我よりえらく見える日は」、「喜びは悲しみのあとに」、「雨にぬれても」などを相次いで出版した。

いずれも、話し手の心情や情景を細部まで丁寧にすくいとり、記録映像のようだ。記録映画の監督にはなれなかったが、記録文学で活路をひらいた。

ひときわ心に残る作品を尋ねると、本「胸の中にて鳴る音あり」の中の短編「プレゼント」を挙げた。それは両親の介護を懸命にしている元キックボクサーに、友達のお母さんから座いすが贈られた話だ。

「つらい経験をした人は今、つらい経験をしている人の気持ちが分かるのですね。座いすは元キックボクサーの彼を応援しようと。心の交流がいいのです」と語る。

多くのひとの人生を聴いてきた上原さんだが、自身の人生は「遊びもあまりしなかったし、針金のような細い人生の気がします。40代半ばで離婚し、むしろそれが唯一、ある種の彩り、陰影を与えてくれたかな」と静かに振り返る。

ひとり暮らしが長くなり、「晩年の父から教わったこともありますが、起床してきょうは何をするか、一番重要なことを自分自身に向けて心の中で言うようにしています」。今は自由律の俳句会に参加するのが楽しい。「昼寝する妻の足裏小さくて」。これは結婚したての頃を思って詠んだ句。近作は「向こうにも洗濯物干す男あり」である。

（2018年2月26日）

希望のともしびを掲げて

失意原点 忘れない「純真な眼」

長岡京市在住の詩人

三浦 玲子さん (73)

「東日本大震災をテーマにした連作や、古歌から詩想をふくらませた詩を書きたいです」と話す三浦玲子さん(京都市中京区)＝撮影・安達雅文

人生は、失意と希望が幾重にも織り成す。

三浦玲子さん（73）は戦時中の1944（昭和19）年に父の仕事の関係で外地で生まれ、戦後、1歳の時に島根県に引き揚げた。

旧家だったが、父が知り合いの保証人になったことで家は暗転する。高校生のとき、玄関わきの大きな「蘇鉄《そてつ》」が掘り起こされ、よそに売られていった。穴跡を見て泣きじゃくっていたとき、作業員が気の毒に思ったのか、「蘇鉄の『子』は植えといたよ。いずれ大きくなる」と声をかけてくれたのを記憶している。

そのとき感じた世の矛盾と深いかなしみを原稿用紙37枚に一両日で一気に書いた。高校の文芸部顧問の先生が県高校文化連盟の小説部門に応募してくれ、最優秀作品に選ばれた。

光華女子短大（現・京都光華女子大）の国文科に進み、卒業と同時に短大事務職員になった。家は最終的に人手に渡ってしまった。「だから、ふるさとは見たくないのです」と静かに話す。

文章を書くのが好きで、次第に詩を志向した。「詩は感性や想像力、描写が問われます。物語性も大切にしたい」と、ことばの結晶である詩の魅力を語る。

持ちたいのは「純真な眼《め》」という。童謡詩人の金子みすゞの詩「大漁」を挙げて、「『浜はまつりのようだけど海のなかでは何万の鰮《いわし》のとむらいするだろう』と想像している。純真な眼がなければ、その想像はできません」。

27歳で初めて詩集「化くらべ」を出した。父が詩集をいとおしそうになでているのを、ふと目にした。「没落は父のせい」との気持ちが文学へのバネにもなっていたが、父への感情がやわらいだ瞬間だった。

テーマは、自然や事物、心象風景など万物を対象にしてきた。41歳のとき、詩「何もしない日」で第7回年刊現代詩集新人賞奨励賞を受けた。「鳥語」「銀河詩手帖《てちょう》」の同人である。

2011年3月11日の東日本大震災で、それまで書いてきた詩も押し流されたように思えた。被災地ではなく、部屋の中でペンを握って詩作する自分とのずれ。その葛藤が長く続いたが、6年後に詩「眼、海鳥の日々」を書いた。

行方がしれないひとたちの
いのちのざわめきを
波は克明に聞き分ける
その声にたどりつけるかもしれないよ
海鳥がささやく

（「銀河詩手帖」より一部抜粋）

「行方不明者は、なお２５００人を超えています。帰りを待って苦しんでおられる人たちがさらに多くいる。『忘れない』ことを共有しないといけません」

自身、「希望のともしびを掲げて」を寄る辺にしてきた。少女時代に見たもの言えぬ蘇鉄とその「子」は「失意と希望」であった。それが三浦さんの人生と詩の原点になっている。

（２０１８年３月５日）

精いっぱいを見てもらう 「人を解き放つ」老いを肯定

綾部市出身の俳優

塩見 三省さん（70）

「人に恵まれました。会いたいという気持ちがなかったら出会えないと思うんですよね」と話す塩見三省さん（東京都中央区）

いぶし銀のことばでは、形容し尽くせない存在感がある俳優だ。

塩見三省さん（70）は、綾部市で生まれ育った。子どものころ、由良川に架かる橋から、山陰線を走る列車をよく眺めた。地元の高校から同志社大商学部に進み、京都市右京区鳴滝のアパートに部屋を借りた。「周りにいろいろな大学の学生がいましたね。講義にはあまり出られませんでしたけど」と懐かしむ。

学生の頃は演劇とは無縁だった。卒業後、ヨーロッパを一人旅し、帰国後に東京で「芝居との出会い」があって演劇の道を志した。女優の岸田今日子さん（故人）らと活動を共にした。新劇はおとなしいとみられがちだが、「荒《あら》ぶっていると感じた」と話す。

30代前半にかけては、アルバイトしながら演じ続けた。「はた目には苦しいように見えたかもしれませんが、今から思うと、あの頃が黄金の時だったような気がします」。滋味を養う時代だったといえる。

NHK大河ドラマや連続テレビ小説、MBS「深夜食堂」などテレビや映画にも数多く出演し、役柄とあわせて名前も世の中に浸透した。名脇役としての評価が定まったが、2014年に脳出血で倒れ、長期入院を余儀なくされた。

懸命のリハビリで北野武監督の映画「アウトレイジ　最終章」のカメラの前に立ち、17年度のヨコハマ映画祭で助演男優賞を受けた。

TBSドラマ「コウノドリ」では、病身をおして能登で地域医療に尽くす産科医を好演した。「やりたい役でした」。医療がすごく進歩して命が救えるようになった半面、患者の生活の部分は置き去りになっているとの思いが重なり、「自分は誰よりもうまくセリフを言える。自分が言うのが一番だ」と感じたという。

今も週に一度、リハビリに通う。病気をしてからだの自由は失ったが、得た境地がある。「よく思われたいとか、見てる人がグッとくるとか、ではなくて、精いっぱい歩いて、その精いっぱいを見てもらう。ほかの俳優さんとちがって自分ができる唯一無二のことじゃないかと思います」

よく考えるのは「人間はどこから来て、どこへ行くのか」。老いについて「しぼんでいくような印象があるのだけど、実は人間を解き放っていくというか、解放していくように感じる」と肯定的にとらえる。

俳優は生き方が映像に現れるといわれる。「自分はどういう人間になりたいかということを抜きにして、演技をしても仕方がありません」と省みる。

これまでの人生を振り返り、「人に恵まれました。会いたいという気持ちがなかったら、出会えません。人に会う力は持っていると思います」。

助演が多かった塩見さんだが、人生の哀歓を深く描く主演作に巡り合える日が近いのではないか。故黒澤明監督の名作「生きる」のように人生の愁い、喜び、勇気を問いかける作品に。

（2018年3月12日）

団塊　その後を書きたい　空白想像　伝記執筆に醍醐味

大津市出身の小説家

藤本　恵子さん（66）

生き方で大切にしているのは「誠実」。「小説は人物だけでなく、時代を書けたと思えるとき、達成感があります」と話す藤本恵子さん（東京都杉並区）

芥川賞の候補に2回挙がり、惜しくも逸したが、のちに開高健賞を受けた。

藤本恵子さん（66）は大津高を卒業し、地元の会社に就職したが、書く時間を確保したいとアルバイトをしながら同人誌で腕を磨いた。23歳で東京へ。「35歳までに新人賞をとれなければ小説家はあきらめよう」と精進し、青春期の心の揺れを描いた「比叡を仰ぐ」が1986年、文学界新人賞に選ばれた。ちょうど35歳だった。

「比叡を仰ぐ」は芥川賞候補になり、91年の「南港」がふたたび芥川賞候補作になったが、賞には至らなかった。「テーマは、そのときに自分が関心のあるもの、社会問題を中心にしてきました」

その後、実在の人物を描く伝記小説に取り組み、2001年に「築地にひびく銅鑼《どら》―小説丸山定夫」で、開高健賞を受賞した。

丸山定夫は愛媛県出身で京都市で一時暮らした俳優だ。浅草オペラのコーラス部員から新劇の築地小劇場や映画に出演し、1945年夏、演劇慰問先の広島市で被爆して亡くなった。

伝記小説の醍醐味《だいごみ》について「事実を押さえつつも、評伝とちがい、空白の部分は小説家が想像して描くことができます。振り幅のある人物は面白い。人物を書くのに時には100冊以上、本を読みます」と話す。

自宅には、既に書き上げた北海道開拓の農民で記念美術館がある洋画家の神田日勝や、女優原節子の義兄で映画監督の熊谷久虎らの伝記小説が10作ほどあり、今か今かと出番を待っている。「在庫の多い商店はつぶれるといいますよね」とユーモアを交える。

執筆は朝型だ。午前4時に起きてコーヒーをいれ、果物をほおばった後、いつもホームゴタツに向かい、鉛筆で市販の原稿用紙に手書きする。「機械に弱いのもありますが、手書きのほうが向いている。清書はボールペンです」

このところ、1年に長編をほぼ1作のペースで仕上げてきた。しかし、活字にする発表の場がない。「さすがに去年は落ち込んで書けませんでした。その代わり、たくさん本を読みました。混沌《こんとん》として猥雑《わいざつ》なアジアが好きですが、英国の女性作家の小説にとりわけ感銘を受けました」と語る。

沈みがちだったが、うれしいニュースもあった。北陸地方の短大で自作の小説が入試問題に用いられたという。「読んでもらえ、試験に使っていただいて」と表情を緩める。今月上旬には大阪劇団協議会フェスティバル45周年記念合同公演で「築地にひびく銅鑼」を原作に演劇が上演された。

気力を取り戻した藤本さんは、小説「団塊者」（２００４年刊行）の続編の執筆を始めた。

前編は、創作した主人公で団塊世代の亀岡市出身、農機具専門商社マンの仕事の苦衷や家族、友人との関わりなどを書いた。「その主人公が定年退職となり、その後どう生きていくかを書きたい」と意欲をみせる。

休筆から復活し、新作への船出の銅鑼が鳴った。

（2018年3月19日）

それぞれの人生てつがく

おかしいと言う勇気を
「農のある暮らし」を実践

日本人初の宇宙飛行士

秋山 豊寛さん（76）

「一人一人のライフスタイルが、地球環境を守ることにつながります」。畑で野菜を育てる秋山豊寛さん（三重県大台町）

地上400キロの宇宙から見た地球は、大気の薄い膜に包まれ、太陽の光を受けて青く輝いていた。

「地球は、いのちのかたまり。本当に、いろんないのちが支え合って存在する星だと分からせてくれる光景でした」

秋山豊寛さんは1990年12月、TBSの宇宙特派員としてソ連（当時）から飛び立ち、テレビの生中継やラジオのリポートを行った。「チームワーク。私はおみこしのようなもの」と笑みを浮かべ、中継技術などスタッフに感謝する。

東京で生まれ、歴史を勉強しようと大学卒業後は大学院を受験するつもりだったが、指導教授のアドバイスが人生の岐路になった。「君は元気だから、誰かが書いたり記録したものを後から考えるより、歴史をスケッチするジャーナリストが向いている」

入社し、ワシントン支局長だった86年、米国スペースシャトル「チャレンジャー」が打ち上げ直後に爆発した。その事故をリポートした経験がある。そうした中で、宇宙へ飛び立つ決断ができたのはなぜか、不安はなかったのか尋ねた。

「99％心配はしませんでした。むしろ直前に風邪をひいて行けなくなるほうが心配でした」。ガガーリンの人類初飛行（1961年）から30年近くたち、宇宙に行った飛行士は世界で既に

２００人超。ソユーズの組立工場を見学するとベテランの職人たちだった。

無事に帰還。ニュースの現場から離れて管理職の仕事をした後、「会社で偉くなるために放送局に入ったのではないので」と95年に50代前半で退社した。福島県に移り住み、シイタケ栽培やコメなどの有機農業に従事した。

「農のある暮らし」への選択は比較的早くから思い描いていたという。私立の小中学校の授業で農作業を体験し「自分で食べるものを自分で作る暮らしは大事。都会でないところで暮らしたいという気持ちは、ずっとありました」と語る。

しかし、その暮らしは中断に追い込まれる。２０１１年3月、東京電力福島第1原発事故の放射能飛散で、県外への避難を余儀なくされた。だから、「司法で原発再稼働を認めない裁判官が出てきたのはうれしい」と率直に話す。

その後、京都造形芸術大教授に招かれ、「大地に触れる」や「国際情勢論」などを教えた。若者に伝えたいことは「おかしいことには、おかしいと言う勇気、表現し行動する勇気」と強調する。

今は三重県の山あいの町で主に野菜をつくる自給的農家をしている。晴耕雨読の日々だが、やり残していることがある。米国の外交文書は原則30年後に公開される。それは再来年の

２０２０年だ。当時、米国は日ソ共同宇宙飛行を邪魔しなかった。スペースシャトルに搭乗した毛利衛さんより先に行けた。それは、なぜか。国際政治の思惑を確かめたい。こう話したとき、ひとみが光を帯びた。

（２０１８年７月16日）

鍛練し、励まして育てる

「汲めども尽きぬ」たゆまず精進

観世流能楽師で「藤々会」主宰

藤井　千鶴子さん（87）

気持ちの切り替えは「楽しみのほうを考えるようにしています」と話す藤井千鶴子さん（京都市左京区の自宅）

能の道を80年以上、究めてきた。

「子どもの時から謡のことばを覚えてうたってきましたが、この年になって、今まで気がつかなかった意味がつかめることがあります」

藤井千鶴子さん＝京都市左京区＝は、岡山市で生まれた。紙問屋を営んでいた父が謡を習っていた縁で5歳の時、聴きに行き、まねをする姿を両親にほめられて楽しさを覚えた。

小学1年から稽古を始め、5年生の時に江戸時代の大名・池田綱政ゆかりの岡山後楽園の能舞台で、初めて「菊慈童」のシテ（主役）を務めた。

女学校の生徒だった1945（昭和20）年6月29日未明、米国の爆撃機が岡山市に次々と襲来した。焼夷《しょうい》弾を投下し、市街地にあった問屋と自宅も炎に包まれた。

「真っ暗な空から火が降ってきて、川へ川へと無我夢中で走って逃げました」

後楽園のそばの旭川に入り、顔の下までつかって九死に一生を得た。「地獄絵巻でした」。空襲で岡山市内の大半は焼け、能舞台も焼失した。

戦後の58年に能舞台は再建され、79年に大曲の「道成寺」を舞った。人生の思い出の地である。

岡山で7歳から33歳まで親しく指導を受けた故・橋岡久太郎師（日本芸術院会員）に「能はリズムが大切」と教わった。

醍醐味《だいごみ》を尋ねると、「文学、音楽、美術の三つの分野の最高のものが集結しています。心の表し方が他の芸能と違うのでしょう。抑制のきいた表現が多く、観客の想像を待っているところがあります。直接ではなく、気持ちを抑えてふわっと包み込むように」と穏やかに語る。「和歌や源氏物語などにちなむ謡の言葉の美しさ、笛・小鼓・大鼓・太鼓の音色やリズムと相まって、幽玄さやうっとりするような世界観をかもし出します。舞は、白足袋の美しさが表現できるように、足の運びが肝要です」

演者であるとともに、20代半ばから「藤々会《とうとうかい》」を主宰し、子どもから大人まで数多くの弟子を指導してきた。

心の真ん中に置いているのは「励ますのが一番」との思いである。自身、ほめられて楽しさを覚えたように、「叱られるよりも、良かったよと何遍も言われると、もう一度やってみたくなります」と育てる大切さを話す。

実際は「日々、忍耐です」と笑みを浮かべる。

京都では観世会青年能や浦田定期能で約40年間、年に一度シテを務めた。能は面《おもて》を付けると視界が限られ、足元が見えにくい。77歳までは能を舞ったが、今は謡を披露する。春は京都観世会館で「西行桜」を独吟した。

今年、米寿を迎える。新たに覚え始めた曲もある。「いくらでも汲《く》めども尽きぬの思いです」。居ずまいをただし、たゆまぬ精進を続ける。

（２０１８年7月30日）

それぞれの人生てつがく

興味を持ち、自分らしく　見ているだけより漕ぎ出そう

カヌーで琵琶湖を周航した

増井　要子さん（84）

「水はものすごく大切。水があって生き物、人間は生きていけます」と話す増井要子さん（京都市左京区の自宅）

50代後半から、カヌーを始めた。

「太陽の光がぱあーと差すでしょ。琵琶湖は広いから真ん中へ出ると、景色はほとんど見えない。自分のパドルを動かしている波の音だけ。宇宙をさまよってるような感じです」

増井要子さん＝京都市左京区＝は、還暦をきっかけに先に乗り始めた夫の敏郎さん（故人）に誘われた。「見ているだけでは、つまらんやろ」

夫と1艇ずつ、2艇で1990年秋から91年秋までの1年間、琵琶湖を17回の行程に分けて1周した。

水泳が好きで小学生の時から習っていた。「万一、沈んでも、泳げると思ってついて行けたんですね」と振り返る。

陸から見る景色と、湖上から見る景色のちがいに胸を弾ませた。名高い海津大崎の桜も湖から見上げる感じだ。

「湖の水も大きい遊覧船からだと手をつけられませんが、カヌーはすぐそこ。アユの大群に出合った時、ぴちぴち跳ねてコックピットの中に入ってきて、そんなおもしろい体験もしました」

ただ、竹生島付近を漕《こ》いでいる時、風向きが変わって黒い雲が出てきた。波が高くなり、夫の艇が離れて見えなくなった。次第に風や波は収まったが、自然の厳しさに直面した。

琵琶湖ではその後、友人の女性と1周し、計2周した。

夫やカヌーを愛好する中高年者と、沖縄の西表島にも出掛けた。海外では、中国の桂林で「友好」の旗を立ててカヌーで川下りをした。さらに、映画「戦場にかける橋」の舞台となったタイのクワイ川も訪れ、「戦争の傷跡が残っているのを見て、考えさせられました」と話す。

戦争中の1945（昭和20）年、増井さんは学童疎開をした。丹後の宮津の寺に先生と子どもたちで集団で疎開。その折、米軍機が襲来して空襲警報が鳴り響き、寺の裏山に懸命に避難したことを鮮明に覚えている。

平和があって、カヌーができる。夫はできるだけ多くの人に楽しさを知ってもらいたいと、仲間たちとクラブを立ち上げ、初心者向けの講習を行った。

がんと分かって闘病中も病院に外泊届を出しては琵琶湖でカヌーを漕ぎ、気持ちを明るく保っていた。2005年、自宅で家族に看取《みと》られて逝った。葬儀は琵琶湖周航の歌で送った。

増井さんは、夫の他界後も友人たちとカナダのバンクーバー近くの湾に出掛けるなど、75歳ぐらいまで漕いだ。以後は腰痛で陸上から応援し、パドルを持っていないが、「今夏は久しぶりに乗ってみようかな」と目を輝かせる。

これまで大切にしてきたことを尋ねると、「よく人から、何でも興味を持つなあと言われますが、興味を持たないと前向きになれません」と話し、「自分らしく、ありのままでいたいです」と自然体で語る。

（2018年8月6日）

【追記】

増井要子さんは、2020年4月に逝去されました。

小さな一歩を積み重ねる　つなげ若者らの夢、懸け橋に

民間国際交流を進める

岩城　良夫さん（70）

「年齢はいきましたが、われわれ団塊の世代には、まだやれることがあるのではないでしょうか」と話す岩城良夫さん（草津市内の自宅）

人とのつながりを大切にしてきた。

岩城良夫さん＝草津市＝は団塊の世代である。2歳で母を亡くした。医学の道に進みたいとの夢を持っていたが、高校生のときに、父が他界した。家庭の事情で大学への進学はあきらめ、兄が営んでいた青果販売業の手伝いをせざるを得なかった。

新鮮な野菜や果物を仕入れ、別にテントの店を設けてバラ売りせずに箱ごと小売りするなど、自分なりに工夫して39歳で独立し、青果加工会社を発足させた。「珍しくて、おいしい野菜や果物を見つけたい」。外国にも目を向け、輸入青果も加工し、大手そうざい製造販売会社などに納めた。景気の波は受けたが、次第に業績を伸ばすことができた。

海外に出掛けて感じたことがある。日本の子どもたちには英語への苦手意識があること。少しでも役立てればと、青果加工会社を経営していた２０１０年に中学生がホームステイして英語学校で学ぶ体験学習「チャレンジワーク」を企画した。公募した滋賀県内の中学生32人とオーストラリアのケアンズ市に２週間同行し、現地で市長にも懇談してもらった。渡航滞在費用は自社で拠出した。「小さな一歩ですが、行う意味はあると考えました」

だが、仕事で迷った時、いつも「大丈夫よ」と背中を押してくれた妻が、その年に病気と分かった。翌11年、岩城さんは62歳で青果加工会社の経営から身を引いた。妻は15年に天国に旅立った。

南アジアのバングラデシュとの縁は、青果加工会社の仕事を退いた後の13年、近所の人に京都大で学んでいたバングラデシュ人研究者を紹介されたのがきっかけだった。14年に、その研究者が勤める同国の首都ダッカの大学で学生たちと意見交換する機会があり、日本の農業や戦後の成長について率直に自分の思いを話した。「われわれ団塊の世代は勤勉でした。真面目でした。それが経済発展につながったのだと思います」

学生たちは「日本にあこがれています」「日本ってどんな国ですか」と次々と問いかけた。その時、近いうちに日本の今を直接見てもらいたい、との気持ちが込み上げたという。

来月上旬、バングラデシュの大学生と研究者計10人を日本に招く。

「幼稚園や小学校で日本はどういう教育をしているか現場に行きたい、病院はどんな仕組みになっているか知りたい、などの希望があり、彼らに自分の国の将来について考えてもらえればありがたい」と語る。

2週間の滞在日程では、チャレンジワークに参加し今は大学生や社会人になった若者や、経済人らとの交流も行う。バングラデシュは人口約1億6千万人で、戦後の日本をほうふつとさせるような熱気に満ちた国だ。衣料産業が盛んな一方、地下水汚染の水問題に苦しんでいる。

「子どもたちの教育や医療、安全な水が飲める一助になれれば」と、民間の懸け橋を目指す。
（2018年8月20日）

それぞれの
人生てつがく

地道に粘り強く続ける　流れついた場所で風吹かす

長年、ヘアメークアーティストをしてきた

沖佐々木　範幸さん（70）

「丹後の魅力を知ってもらいたくて、東京でも仏像や写真展を開きました」と話す沖佐々木範幸さん（京丹後市網野町）

海岸で流木を拾って、仏像を彫る。

「浜辺に流れつく木。多くは川からでしょうが、なかには椰子《やし》の実もありますから、どんぶらこ、どんぶらこ、と南の海からはるばると。大変だったんだろうな、こいつも、と思うことがあります。人生に似ているような感じがします」

沖佐々木範幸さん＝京丹後市網野町＝は、かみしめるように話す。仏像は立像や座像など長さ30センチ未満で、主に小刀で彫る。

地元の高校を卒業後、京都市内の反物を扱う会社で働き、夜は英語を学んだ。米国にあこがれ、お金を貯《た》めて19歳の時に横浜から客船で渡った。知り合いはなく、ロサンゼルスで庭をきれいにするガーデナーの仕事を見つけた。歌手でピアニストの故レイ・チャールズさんの庭もあった。

半年間働き、あとの1年半は米国内を巡った。活躍する日本人美容師の記事を雑誌で読んで触発され、21歳で帰国。東京の美容学校に通い、再び渡米し、ハリウッドの美容室に勤めた。「短い期間で下働きでしたが、得るものがありました」

１９７０年に日本に戻って、東京の美容室にいる時に広告のＣＭ撮影の話があり、英語ができる美容師ということで海外撮影に同行した。「当時は話せる人が少なかったので、連れていってもらえました」

20代半ばで独立。ヘアメークアーティストのほか、ＣＭに故西城秀樹さんと一緒に出たり、俳優や映画監督の故伊丹十三さんに勧められ、「タンポポ」や「マルサの女」などに出演した経験もある。「伊丹監督から、下手だと言われました」と照れる。

ＣＭを中心に仕事をしてきたが、59歳でがんの手術を受けた。「女優さんも、ヘアメークを若い人にしてもらいたいでしょうし、仕事もだんだん減り、病気して弱気になって東京から離れたくなりました」。千葉など関東を考えたが、郷里が落ち着くかなと、２０１０年に京丹後市網野町に帰った。

畑で野菜づくりをし、夕方、海岸を散歩するのが日課だ。仏像を彫るばかりでなく、京丹後市の人々を撮影して写真展「タンゴピープル展」を開いてきた。２回目の今年は、高校生から80代までの男女あわせて30人に丹後ちりめんなどの着物を着てもらい、使い込んだブラシなど道具一式でヘアメークをし、丹後の景色を背景に、生き生きとした表情を撮った。

「まちおこしというほどのものではありませんが、少し楽しい風が吹けばいいな」と語る。

自身の生き方で大事にしてきたものを尋ねた。

「その都度、やりたいことを選択してきましたが、地道に粘り強く続ける、ですかね。これから、より気持ちを楽にして生きていきたい」
年齢を重ね、味わいを増した顔をほころばせた。

（2018年9月3日）

それぞれの人生てつがく

楽しく用いられるものを　かたちの原点　自らに問いかけ

信楽の地で作陶をする

井伊　昊嗣さん（65）

「子どものころからリコーダーが好きで、バルトークの歌曲を吹いて気分転換をしています」と話す井伊昊嗣さん（甲賀市信楽町）

ふるきをたずねて新しきを知る、を胸に実践してきた。

井伊昊嗣さんは京都市で生まれた。焼き物との出会いは小学生の時。知り合いから初めて陶土をもらってこね、夏休みの宿題の工作用に河童《かっぱ》を彫塑した。

「素焼きの後、下絵付けして、釉薬《ゆうやく》をかけて本焼きしたら、自分が想像していなかった色が表れて驚きました」。土と炎のたまものといわれる陶芸の醍醐味《だいごみ》に触れた瞬間だった。

中学、高校、大学は関東で過ごし、大学では比較文学を専攻し、会社勤めを経験した。しかし、常に心の中に土への志向があったと振り返る。

陶芸家の故河井寛次郎さんのエッセー集に導かれるように、23歳の時、寛次郎さんの養嗣子である陶芸家の故河井博次さんに師事した。

1985年、32歳で独立し、静かな環境を求めて、日本六古窯の一つである滋賀県信楽町（現・甲賀市）の山里に窯を開いた。窯名「聴蝉舎　小閑窯」は、交流のあった臨済宗天龍寺派元管長の故関牧翁さんが付けた。

井伊さんの作風は、信楽産の蛙目《がいろめ》粘土などを用いているが、伝統的なざらざらとした地肌の信楽焼とは趣を異にする。「古信楽の優品のほとんどが無名で、わびやさび、枯れなどに魅力を感じます。でも、あえてその系譜の作陶は選びませんでした」と自作への思いを語る。

中国の宋や元、明の時代の陶器や磁器を研究。茶碗が主の古典的な「天目」から広げて、土瓶やぐいのみなど現代的な「天目」を制作している。また、紅色に発色させる「釉裏紅《ゆうりこう》」の技法も採り入れ、水さしや湯のみなども作る。

作品は、秀明文化基金賞を受賞したり日本伝統工芸展などに入選しているが、実際に和食器などとして、料理店や家庭で使われることに喜びを感じるという。

「楽しく用いられるものを作る」が信条だ。

日々の実践と併せ、金沢卯辰山工芸工房（金沢市）や文星芸術大（栃木県）で研修生や学生を指導し、できるだけ教科書に書いていない話をするようにしてきた。「釉薬」や「釉裏紅」の技法などの論文も執筆している。

本格的に作陶の道に入って、はや40年を超え、師の河井博次さんの言葉を、ひときわかみしめる。

「モノのかたちは、丸、三角、四角から始まっている、絵画も彫刻も。それを常に心に留めていくことが大事と教わりました」

今年、地元の甲賀市信楽町で開いた個展では、初心に戻り、一見実用的でない丸、三角、四角の造形物も展示した。「長年取り組んできて、作陶の技術は身についたかもしれません。でも、小手先に走っていないかどうか」。自らに問いかける。
自由な発想を大切にし、信楽の仲間たちと東京の百貨店で新作グループ展を開く。
（2018年9月17日）

【追記】
井伊昊嗣さんは、2019年11月に逝去されました。

みなと同じでなくていい　娘不登校で苦悩「個性こそ」

モスクワ音楽院などで指導した
箏曲演奏家

岩堀　敬子さん（74）

好きな曲は「鳥のように」。「空を自由に飛んでいるようなきれいな曲です」と話す岩堀敬子さん（京都市右京区）

心を合わせる。独りで弾くより、合奏が好きだ。

岩堀敬子さん＝京都市右京区＝は亡き母に勧められて7歳の時に箏《こと》に出合い、音色にひかれた。一直線に指導者になったわけではない。同志社大法学部を卒業して結婚。会計事務所に勤めた後、26歳から教え始めた。

その後、箏曲演奏家で作曲家の故沢井忠夫さんに巡り合うことができ、音楽性を深めた。「聴いてくださる人、学ぶ人に喜んでもらったり、楽しんでもらい、幸せな気持ちになってほしい」と話す。

楽譜どおりに弾くのであれば、現代はコンピューターでできる。「型にはまらず、自由に自分を表現したい。思いを音にして伝えています」

国内での演奏会だけでなく、1994年から約20年間、モスクワ音楽院に招かれ、客員教授として毎年3週間、ロシアの生徒たちに箏を教えた。「日本の音楽にすごく興味を持ってくれて、小さい時からピアノやバイオリンなどをやっていて音楽の基礎ができているので、つま弾く音色に情感があって驚きました」。ロシアとの文化交流で日本の外務大臣表彰を受けた。

順風で来たように見えるが、子育てで苦悩した。

70年代後半、小学校高学年だった長女が、いのちの危機を感じさせる詩を書いているのに気づいた。長女は勉強が好きで友人は多いほうだと思っていたが、中学に入ると「エネルギーが切れた。やっていけない」と不登校になった。

親子で大学病院の医師に相談に行くと、「いのちを守ることを第一に考えましょう。学校は行かなくていいです」と、医師ははっきり答えた。

そして、医師は岩堀さんに「おかあさんは箏をやめないようにしてください」と助言した。その言葉があったから、今まで箏の演奏を継続できたという。

箏を続けながら、長女に向き合う機会を増やした。家族に見守られて、長女は中学はほとんど行かず、高校は進学せずに興味を持つことをして過ごした。生きることに徐々に積極的になり、医師に勧められて20歳で大学入学資格検定試験に合格。京都や中国の大学で学び、英国の大学院を修了した。

岩堀さんは「学校に行かないといけないと多くの人が言いますが、それぞれ個性があります。それを受け入れることができる社会が大事。みなと同じでなくていい。みなと同じでなくても楽しくなれる、生きられます」と苦しかった時のことを思い浮かべ、胸中を語る。

今年は、京都コンサートホールで開かれた国際芸術文化アカデミー主催の「京都サマーフェスティバル」や、韓国で催された文化祭などに出演した。

「音楽は、ほんとに自由です。言葉はなくても世界中の人に伝わります」
楽しむことを一番大切にして、国内外の人々と心の輪を広げる。

（2018年10月1日）

バレーボールで
「東洋の魔女」といわれた

中島 百合子さん（78）

東京2020オリンピックについて「楽しみます」と話す中島百合子さん（高島市の自宅）

半世紀前、日本中に勇気と希望を与えたのは、1964(昭和39)年の東京五輪で金メダルをとった女子バレーボールチームだ。

中島(旧姓半田)百合子さんはレギュラー6人のうちの1人。「故大松博文監督のもと、ひたむきに練習し、日が当たりました。でも、その陰で試合に出られなかった仲間たちが練習相手を務めてくれたおかげです」と、周りの支えに思いを寄せる。

戦時中に栃木県で生まれた。食糧難の時代で幼いころ、母や弟と着物を持って農家を訪ね、ジャガイモやカボチャと物々交換したことを記憶している。中学からバレーボールを始め、県立栃木女子高に進んだ。

高校の帰り道、貸本屋で世界文学全集や推理小説を借りて読んだ。絵を描くのが好きで、ずっと描いて美術の先生になりたいと考えたこともある。

高校2年のとき、バレーボールをやめたいと思い、母に相談した。そのとき、「やり始めたら最後までやり通しなさい」と言ってくれた母の言葉を胸に刻む。大会でアタッカーとして見いだされ、ニチボー東京からニチボー貝塚へ移った。そのニチボー貝塚が五輪チームの主体になった。

「一人一人の選手は、特に秀でていたとは思えません。それぞれ足りないところがありました。

それを回転レシーブやチームワークで補いました」

栄光の後の人生のほうがむしろ長い。その後の人生をどう生きていくか。

五輪後、24歳で現役を引退。その後、京都産業大の講師を務め、学生たちに体育を教えた。30歳を迎えたころ、「女性が一生続けて働ける仕事はないか」と考えるようになり、田崎真珠に就職した。

神戸や大阪の店で接客や外回りもし、店長や京都ブロック長を務め、２０００年春に定年を迎えた。当時仕事の苦労を共にした男女の部下たちと、退職後も交流している。

「バレーボールでそれぞれの役割やフォローを知ったことに加え、社会で人間関係を学びました」と振り返る。

大切にしてきたことを尋ねると「失敗してもチャレンジすればいい」と。色紙を頼まれると「夢をもつ」「努力」と書いてきた。

金メダルは、ゆかりがある栃木市に寄贈した。「ものに執着しないほうです。中学生のときより、地元で活躍する先輩たちに励まされたように、若い人たちの目標に金メダルを役立てていただければ」という。

定年を機に、京都市から湖国に移り住んだ。琵琶湖や山に近く、のどかな地で過ごしたい、と高島市を選んだ。介護してきた夫が昨年1月に亡くなり、その悲しみと寂しさから、中島さんは一時、体調を崩した。だが思い直し、自宅の周りを散歩し、週に2、3回、屋内プールで水中運動を行っている。

「できるだけ健康寿命を延ばしたい。それが私の願いです」。快活な答えが返ってきた。

（2018年10月15日）

独創性とおもしろさと　あえて効率を求めない文化を

着物再興や
まちづくりに尽力する

渡邉 隆夫さん（79）

「いろんな分野の本を読みます。なかでも、好きな作家は筒井康隆氏です」と話す渡邉隆夫さん（京都市上京区・織成舘）

着物が似合う渡邉隆夫さんは、三代続く西陣織製造販売会社「渡文」（京都市上京区）の社長である。「長男でしたから、子どもの時から織屋を継ぐように育てられました」

同志社大経済学部を卒業後、東京の呉服問屋・菱一で修業し、渡文に入社。1982（昭和57）年に社長に就いた。帯やネクタイを主につくっている。

「オリジナリティーというか、デザインや材質で独創性をどうやって出すか。織物業は創造に携われる。そこにおもしろさを感じます」と語る。

国内をはじめ、欧州や米国などを視察。美術本にも詳しい。

「オーストラリアの洞窟壁画やアフリカ・マサイの人々の模様とか、なんでも帯のデザインのヒントになります」と話す。

和装の需要が低迷し、日本各地の産地も振興策に苦心している。

「商売は継続が大切。ただ、同じものをやっていてもいけないし、商品も客層も変えていかないと。これに尽きます」

人生でつらかったことを尋ねると、91年に滋賀県で起きた信楽列車事故を挙げた。「JR列車に乗っていた将来の大黒柱や図案のホープの大事な社員2人を亡くしました」と顔を曇らせる。

2人は、関西文化学術研究都市に異業種交流と新商品の共同研究を目的に開所された協同組合ハイタッチ・リサーチパークのメンバーとして、世界陶芸祭の視察研修に向かう途中だった。

渡邉さんは、西陣織工業組合理事長や京都府中小企業団体中央会会長なども務める。

京都について「人口は横浜や名古屋など他都市より少ないが、総合的にみて文化や産業の面で特異性がある。王城の地であったし、恵まれている」としたうえで、「今は利便性の尺度だけではかられがちな世の中ですが、利便性と関係のないことが重要ではないでしょうか。着物は動きやすくないし、値は高いけども、着ていると楽しい。あえて効率性を求めないのも文化では」と問いかける。

今後さらに力を入れたいのは、西陣地域を住みよいまちにしていくこと。連帯意識が希薄になってきていると感じ、つながりが失われないようにしたい、という。

また、今出川通に電車を走らせ、京福北野白梅町駅（京都市北区）と京阪出町柳駅（左京区）などを結ぶことを目指す。

「京都はお寺や大学のまちでもあり、新たな横軸ができて、市営地下鉄とも鉄路でつながります。金閣寺や銀閣寺、京都大などへ行くのも便利になりますよ」

船岡山公園（北区）を、桜の名所にすることも提案する。

「四季の変化がある落葉樹は山が明るくなりますから。紅葉も楽しめますし。公園は京都市管理ですが、京都府と市の『府市協調』で、府立植物園の分園にする考えはどうでしょうか」

ものごとへの見方がしなやかだ。おもしろさを行動の基軸に置く。

（２０１８年10月29日）

不器用でよい、誠実に

感性磨き喜怒哀楽つづる

文芸欄に投稿を続ける

内田 晶子さん（75）

「新聞を開くわくわく感が好きです」と話す内田晶子さん（京都府宇治田原町の自宅）

短歌や俳句、川柳、冠句。新聞の文芸欄には、人生が詰まっているのかもしれない。内田晶子さんは「さまざまな人の生き方や哲学、喜怒哀楽が込められていると思います」と話す。

長野で生まれ、親の転勤に伴い札幌をへて、3歳から宇治市で育った。高校を卒業後、同志社大の英文科で学んだ。結婚して2人の子どもを育てつつ、自宅で英語の学習塾を営んできた。

本格的に作歌を始めたのは40代になってから。短歌をたしなんでいた母が、歌人与謝野晶子にちなんで「晶子」と名付けてくれた思いを受けて、取り組むようになった。

2003年、姉が病気で亡くなって4カ月後、記者をしてきた三番目の兄がスポーツ中に急逝した。

ファインダー通して兄が人生の最後に見たるしゃくなげの花

兄が愛用していたカメラに残されていたフィルムの最後の写真は、シャクナゲであった。

初めて新聞の文芸欄に投稿し、入選した。自身の歌が活字になったことで「明日への生きる力、励ましをもらいました」という。以来、投稿を続けている。

ブランコより落ちし日の傷白粉《おしろい》もて撫《な》でて弟を棺に納む

2年前、医師だった弟が病に倒れた。6人きょうだいだったが、自分ひとりになった。寂しさをこらえ、見送った。

人生は愛別離苦が避けられない。「そこから文学や文芸は生まれるのではないでしょうか」と語る。

近年、入選した歌。

盲導犬と友の駅への道しるべうどん屋の匂いケーキ屋の匂い

さだまさしさんのコンサート会場で盲導犬を連れていた目の不自由な女性と隣の席になった。女性と交流するようになり、一緒に道を歩いているとき、店の匂いが手がかりになっているのよ、と教えてもらったという。

部屋揺れて棚より落ちしマリア像欠けし指もて幼抱きいる

阪神淡路大震災（1995年）で自宅のマリア像が落下した。その記憶に、今年6月、大阪北部地震が起き、幼子を懸命に守ろうとする世の母の姿を重ねた。

自身の生き方を尋ねると「よく悩み、よく迷います。でも、どんなときも『不器用でよい、誠実に』と言い聞かせています」。

これからも文芸欄に作品を寄せるつもりだ。「感性を鈍らさないようにして、真摯《しんし》に投稿したい」と、きっぱりと。

日々の出来事や心を深く見つめ、言葉をつむぐ旅を続ける。

（2018年11月5日）

現場で考え、思想をつくる　亡き息子とも向き合い続け

ノンフィクション作家

柳田　邦男さん（83）

「自分の思想をつくらないといけないと考え始めて60年以上。なんとか整理できそうな気がします」と話す柳田さん（大阪市内）

いのちを見つめて60年、ようやく自分なりの思想をまとめて本に書けるようになったという。どういうことか。

栃木県で空襲の恐怖を体験、終戦後に次兄と父を結核で亡くした。小学生時代は母の手内職を手伝い、中学高校時代は長兄の古書店の店番をして家計を助けた。

高校3年の時、友人の影響で、「貧困のない国に変えるには、まず経済構造を変えなければならない」と考えるようになったという。卒業後、就職をやめて学習塾を開いて生計を立て、翌年、東京大経済学部に入った。

だが、世界では旧ソ連が戦車隊で民主化を押しつぶすハンガリー事件が発生。大学のアカデミズムにも疑問を感じ、「イデオロギーに走り、理論優先ではほんろうされる。現場に入り人々の肉声を聞き、自分なりの思想をつくらなければ」と考え始めた。

「現場に飛び込める」と記者の道を選び、NHKに入った。広島で原爆問題を担当、東京に異動後は災害や航空事故の修羅場に立った。自分の思想を築けるまで取材者でいようと、38歳でフリーになり、事故や災害、病気など現代のいのちの危機の問題を追いかけてきた。

57歳の時、心を病んでいた次男の洋二郎さんが25歳で自死。親としての自責の念と無力感に苦しんだ。「精神医学を学んだりして、息子を理解しようとしていたけれど、無力だった。もし息子が心を病まなかったら、僕は人の孤独感や苦悩がいかに深いものかを理解できないままだったかもしれません」

しばらくぼうぜんとしていた時、書店の絵本コーナーにたたずんでいる自分がいた。心にしみる絵本を5冊買った。「読み出したら、やめられませんでした。絵本の中には素晴らしい作品がある。研ぎ澄まされたエッセンス、絵と短い言葉で深いものを伝えてくれる。挫折感や喪失感を癒やしてくれます」

息子さんの闘病中、「自分も変わらねば」と、一週間山小屋にこもり、半畳のスペースで自分の内面を見つめ直す「内観」研修を受けた。小学6年生の時、修学旅行に行かないと届け出たため、先生が家まで来て、母に「行かせてやってくれませんか」と話していた情景が眼前に浮かび上がってきた。

柳田さんは、お金のない母に迷惑をかけたくないとひそかに考えたのだが、真意は言わなかった。

「母の困惑した表情が浮かんできたんです。自分は母のためと思ったことが、逆に迷惑をかけたことだった。自分の思い上がりに気づかされ、涙が止まりませんでした。心の深みへの目覚めでした」

柳田さんは、最近、絵本普及活動に力を注いでいる。「子どもの心の発達には絵本が第一」「人生後半は絵本で心を豊かに」と。いのちを大切にする精神文化づくりだ。

そして、学生時代に決意し長年探求してきた現場に根を下ろした自分なりの思想をまとめる作業に取り組み始めている。事故・災害・事件の被害者が悲嘆のどん底から徐々に立ち直り、いのちを守る文化の創出にかかわり始めた「被害者の精神史」、いのちは誰のものという視点から政治・行政・企業のあり方を問う「2・5人称の視点」など、数冊の本になるという。

（2019年8月25日）

子どもは共に生きる同志　苦境も可能性信じ 心通わす

福祉に情熱を注ぐ

津田 純子さん（78）

「『子どもは優しい人のそばでは優しく育つ…』。師から言われたこの言葉が心の支えになっています」と話す津田さん（岡山市内）

福も祉も、幸いの意味である。

戦時中に東京で生まれ、学者だった父親が赴任した外地で終戦を迎えた。引き揚げて金沢のミッションスクールで中学や高校時代を過ごし、日本福祉大で学んだ。制度を変えるのは行政の仕事だと思い、公務員試験も考えたが、在学中の実習で養護施設の子どもたちと出会い、「現場の確かな実践こそが制度を変える」と、現場の道を選んだ。

恩師に導かれて1964（昭和39）年、仙台にある養護施設に児童指導員として就職し、敷地内の「小舎」に住み込み、少人数の子どもたちと生活した。87年からインドの乳児院・肢体不自由児施設や知的障がい児施設で1年半働いた。「厳しい自然や貧困の中で矛盾にもがく保母さんたちが赤ちゃんの生命を支えている必死な姿に感銘を受けた」という。

近年は京都の青少年自立援助ホームで就労が不安定な若者たちを支援した後、岡山の児童養護施設に勤めている。

半世紀を超える仕事への情熱の根底にあるのは、「子どもたちは共に生きていく同志」との思いからだ。

「なぜ福祉の仕事をと問われ、あいまいに答えてきましたが、小学1年生のときに両親が離婚し、親元を離れて暮らしました。その生活の中で自分の責任ではないのに下を向いて生きるのはおかしい。親がいなくても、堂々と生きていたいと思いました」

父が再婚し、小学5年生のときに父の元に戻ることができたが、そのときの痛みが、家庭環境が十分でない養護施設の子どもたちと共に上を向いて明るく生きていきたいという原点になっている。

「食事をはじめ、手をかけ時間をかけて丁寧に子どもたちと生活すれば、どんな子どもも夢や希望を持って生きていけるようになります。厳しい社会の中で強くたくましく生きていけるようになるはずです。子どもは限りない可能性を持っています」

挫折もあった。今でこそ、養護施設の子どもたちが高校を卒業して大学へ進学するのも珍しくないが、仙台で勤めていたころは中学卒業で集団就職したり、夜間の定時制の高校に行く子がほとんどだった。

施設に帰ってきて、「就職することを学校でばかにされた」と不満を言う子に、「就職しようが、高校に行こうが、人として生命の重さが変わるわけではない、就職は少し早く社会に出るということで社会の中で先輩になれるのだから頑張ろうよと話しましたが、高校も大学も出ている私に彼らの悲しみを真に理解できるのか…とつらかったです」と振り返る。

一方で喜びもある。社会に出て音沙汰のない子もたくさんいるが、時折訪ねてくれたり、結婚披露宴に招かれることも。誕生日に毎年、花を贈ってくれる子もいる。「今年もカーネーションを」

いま働いている養護施設でも、日々困難な中で一生懸命に生活している子どもたちや職員のそばで少しでも支えになれたらと願っている。また、地域で不登校やひきこもりに悩む人たちの相談にものっている。

喜寿を超えたが、福祉への思いは衰えない。

（2019年9月8日）

【追記】

津田純子さんは、81歳で岡山の児童養護施設を退職しました。

自分の見え方で描けばいい　目と体で感じ実体験をもとに

絵本作家・画家

いせ ひでこさん（70）

「印刷ではわからない大きさや質感、空気感。絵本の原画は１枚１枚がタブロー（作品）なんです」と話す、いせひでこさん（長野県安曇野市・絵本美術館「森のおうち」）

光と影、誕生と喪失、森と小さな木の実…。いせさんの描く絵には相反する世界が同時に見える。

北海道で生まれ、幼い頃から白い紙があると鉛筆で絵を描いていた。「言葉にできない思いを表現していたのかもしれません」。父の転勤で13歳の時に東京に移り、世界的チェロ奏者パブロ・カザルスに学んだ故佐藤良雄氏に出会った。その奏法と決して叱らない指導で初めて音楽を好きになった。音楽の道も一時考えたが、絵本作家への思いが強まり、東京芸術大のデザイン科を選んだ。しかし、「過干渉の親のもと、『自分』というものがない悲しさに苦しんだ」という。

23歳の時、日本を飛び出す。パリに着いてすぐ帰りの航空券を捨てた。退路を断ったのだ。「自分が何をしたいのか、描きたいものは何なのかを自力でつかみたかった」

孤独のなかでアルバイトをしながら、パリで風物や秀作を間近に見、スケッチをする日々を送った。1年余りで、「お金が尽きて」帰国。挿絵の仕事を始めた。が、次々と入る挿絵の仕事と子育ての両立のなかで疲弊し、音楽や絵への感動が消えていった。34歳の時、カザルスゆかりのスペイン・カタルーニャの地を訪ねる旅に出る。カザルスの精神が息づく村を歩き、鳥の歌声を聞いた。チェロを再開し、「いつか音楽と絵の結婚のような絵本を描こう」と、30年温めた物語は絵本『チェロの木』に結実した。

いせさんは絵本について、「目と体で感じないと描けないんです。実体験をもとに作品世界をふくらませます」と話す。それを象徴するのは『海のいのち』（文・立松和平）だ。子どもの時に海で溺れたため水は怖くて泳げない。だが、潜水スクールに通った。小笠原の色彩豊かな海や、伊豆の台風後の濁った海中、頭にライトを付けただけの夜の海にも潜った。「光の屈折、音の響き、魚や海藻の森、生かされるいのち、波の裏側にもう一つの地球の姿を感じました」

東日本大震災の被災地も歩いた。阪神大震災の時は、1枚のスケッチもできなかった。被災地では描けない、描いてはいけないと思っていたが、翌年、宮城県亘理町で海辺の荒野に横たわっていた1本のクロマツのそばを通り過ぎようとした時に「描いて」と呼び止められたように感じた。むき出しになった根が「そこにあったいのち」を問いかけているようだったという。

いせさんは38歳の時に網膜剥離で右目外側の視野が欠け、さらに白内障、今年は目の奥に穴があき緊急手術を受けた。しかし、「見えるものは人それぞれ違う。自分の見え方で表現したいことを描けばいい」ときっぱりと。

近作は、絵とエッセーの『旅する絵描き　タブローの向こうへ』。23歳のパリ時代の習作も加え、絵本原画展が長野県安曇野市の絵本美術館「森のおうち」で開かれている。

これから、を尋ねると、「10の感情があるとしたら、11番目の感情まで描きたい。言語化できなくてもなんでもわかっている6歳までの子どもたちに太刀打ちできる作品を」との答えが返ってきた。

来春刊をめざし、亡き詩人長田弘さんの遺言ともいうべき詩集の挿絵に打ち込む。

（2019年9月22日）

それぞれの
人生てつがく

思いをかたちにしたい　できることはないか、祈り尋ねる

踏切事故の現場を歩く

加山 圭子さん（64）

「踏切内に入ったほうが悪いと言われがちですが、道路や設備など、さまざまな問題があります」と話す加山圭子さん（京都市中京区）＝撮影・船越正宏

新聞などで報道される踏切事故を手掛かりに各地の現場を訪ねて花を供え、亡くなった人を悼む。京都や滋賀を含め、手を合わせた踏切は50カ所を超える。

「ご冥福をお祈りします、と月並みに言うことはできません。むしろ、安らかになんてとても眠れないですよね、私に何かできることはないかと、尋ねる思いで、祈ります」

2005年3月、東京都足立区の東武伊勢崎線竹ノ塚駅南側の踏切で電車にはねられて4人が死傷する事故が起き、実母の高橋俊枝さん＝当時（75）＝を亡くした。電車が頻繁に踏切を通過するため、通行できる時間はわずかで「開かずの踏切」と称されていた。準急電車が接近しているのに、保安係は遮断機を誤って上げてしまい、待っていた多くの人が踏切内に入った。

加山さんは結婚して横浜市に住んでおり、自宅で小さな学習教室を開きつつ、もっぱら主婦をしながら子育てをする「ふつうの生活をしていた」という。

「近隣住民の方が立体化してほしいと署名活動をしていたのを、後で知りました。私は横浜に住んでいて、踏切はめったに通らなかったので、踏切に関心をはらっていなかった。母を救うことができなかったという後悔があります」

2008年5月、長野県の踏切で部活動を終えて帰る途中の中学生がJRの特急にはねられて亡くなった事故を知った。その踏切には遮断機がなかった。ブログに「通学路になっているのに遮断機がなくていいのだろうか」と疑問を書いた。亡くなった中学生のお母さんがブログを読んで連絡をくれた。

長野県の別の踏切で若者が特急にはねられて亡くなった遺族、高知県の遮断機のある踏切で電動車いすのお年寄りが踏切から出られなくなって亡くなった遺族も加わり、2010年1月に「踏切事故遺族の会紡ぎの会」を発足させた。

「小さな糸の繊維を紡いで、できた糸から美しい布を織るように、私たちの思いをかたちにしたいとの願いからです」と、会の名称の由来を静かに語る。

実際に自分の目で見て調べたことをふまえ、行政に徹底した事故調査や安全対策を求めてきた。国は緊急対策が必要な踏切をリストアップし、高齢者対策に乗り出し、運輸安全委員会は2014年から遮断機のない踏切で起きた死亡事故の調査を始めた。「でも、調査対象の踏切は限られていますし、危ない踏切はまだ各地にあります」と憂える。

一気に進展しないもどかしさ。それを感じつつも、ガンジーの言葉「よいものはカタツムリのように進む」を胸に取り組む。

日本学術会議の安全工学シンポジウムにも参加し、遺族の立場から踏切の現状と安全対策の向上を求めて発表している。

国土交通省の最新統計では、２０１８年度の踏切事故は前年度より減ったものの２２６件、死者は89人にのぼる。

「突然の悲惨な事故で亡くなる理不尽さ。一人一人の命を大切にしたい。命が軽くみられていないでしょうか」と問い掛ける。

（２０１９年10月13日）

岐路に立つシニアに届け　追い越されてもいいんだよ

シンガーソングライターに
転身した

正木　恭彦さん（62）

「62歳になって初めて見えることがあります。50歳では気付かなかったこととか。70歳、80歳になったらもっと違う感じ方をするのでしょう」と話す正木恭彦さん（京都市中京区）＝撮影・田村泰雅

長年の会社勤めを経て還暦を過ぎ、シンガーソングライターとして再出発した。

♬自由過ぎると戸惑うかい　はずした首輪が恋しいかい　なくした夢を探すなよ　過去の栄光にすがるなよ

哀愁を帯び、声量のある歌声。近年の歌『白秋時代』だ。詞は以前から一緒に曲作りをしている越村淳さん(73)、作曲は正木さん。銀髪の人が比較的多い客席に共感が静かに広がっていく。

大阪府枚方市で生まれ、中学2年の時に腎臓の病が再発して学校に行くことができなかった。「治る保証がなかったので八方ふさがりで光がなにもなかった」。療養中にひたすらラジオを聴き、買ってもらったギターを弾いて心の安寧を保った。

1年遅れて高校に入学し、同志社大を出て、音響メーカーや外資系の広告代理店などに勤めた。会社員の傍ら、結成した「志のぶちゃんばんど」で、27歳の時に最初のシングルレコード「秋風ストーリー」を出した。

しかし、広告代理店の仕事が忙しくなるにつれ、音楽から次第に遠ざかった。38歳でKBS京都（京都放送）に入社。東京支社長や営業局長、関連会社役員を務め、昨年6月に61歳で転身した。働きながら余暇に音楽活動を行う方法もある。でも、それはあえて選ばなかった。「収入が減り苦痛を覚える方もいるでしょうが、身の丈に合うよう生活を小さくすることは、僕はあまり苦痛ではありません。人生の後半に1回ぐらい365日、24時間やりたいことを実現したかった」

還暦後に作詞作曲した歌。

♫自分の道だから　自分だけの道だから　ゆっくりで　いいんだよ

〈題『追い越されたっていいんだよ』〉

「病気で中学生の時に決定的に追い越され、外資系の企業が自分に合わないなど苦しみました。前に進めず日々悩み、苦しまれている方に追い越されても別にどうということはない、僕がそうだったよと歌いたい」とエールを送る。

本格的にライブ活動を始めて1年あまり。心境を尋ねると、「会社でいうと決算があって、数字がどうとかありますね」と、ユーモアをまじえて会社員や役員を務めた片りんをのぞかせる。

「音楽でやっていくのは簡単ではないですが、東京・銀座で満員のなか公演ができたし、自分のなかではこれまでで今が一番歌えているという感じです。到達点は決めていないけど、まだまだ道半ば」

正木さんは京都市下京区でライブを行う。

言葉とメロディーは一対と思ってきたが、歳を重ねて、一層、言葉の持つメッセージ性を大事にするようになったという。

♫だから今日も生きている　だから今日も笑っている　だから明日も歌っている

＜題『いつもお前が』＞

音楽史には青春をテーマにした歌が数多くある。ただ、「人生の秋」を迎えた60代のシンガーが、同世代を中心に岐路に立つ人々の心に届けようとする歌はあまりないかもしれない。生きている実感を大切にして新たなジャンルに挑む。

（２０１９年10月27日）

「面倒」の先に神様はいるよ　夢や想像力育み続けたい

人形劇団
「マリオネット&ミュージック」代表

近田 光雄さん（79）

「公演の練習は週に１度、明るく和やかに。劇団員の達成感を大事にしています」と話す近田光雄さん（奈良市内の自宅）

座った幼児の目の高さほどになるようにしつらえた手づくりの舞台。音楽とストーリーに合わせて、劇団員が釣り糸にも用いられる天蚕糸《てぐす》を巧みに操ってマリオネットを動かす。

用いる音楽は「ドレミの歌」「大きな古時計」「手のひらを太陽に」「線路は続くよどこまでも」「椰子《やし》の実」「山寺の和尚さん」など。

「仕掛けが魅力のマジックも含め、公演は約45分間。幕が開くと、わぁーと歓声が上がり、2歳児も6歳児も真剣なまなざしでショーを見てくれます」と、代表を務める近田さんは目を細める。

京都市中京区の商店街で育ち、子どもの頃はもっぱら草野球をしたり、鉄道模型で遊んだ。木を削ったり切ったりするのが好きで将来は大工になりたいと思ったが、家族の勧めもあり、1浪して京都大工学部へ。卒業後、大手建設会社に入った。

学生時代はドラムを演奏。仕事でストレスがある時はレコードやCDを聴き、心をしなやかにする音楽の力を感じていた。45歳頃、劇団四季の「キャッツ」を鑑賞し、音楽と演劇によるミュージカルの魅力にはまった。その後、ヨーロッパを旅してシアター劇や大道芸でマリオネットに出合い、音楽を用いたファンタジーショーに思い至った。

50代で独立し、企画建築事務所を開業。「老後のボランティア活動の準備」として、発泡スチロールや紙粘土でマリオネットを作り始めた。仕事を引退した後の2003年、63歳の時に劇団を発足させた。だが、共感して一緒に公演をしていた妻恵美子さんががんと分かり、2008年に活動を休止し、介護に専念した。

奈良市内の近田さん宅を訪ねると、近田さんが手書きした料理レシピ集のノートが3冊ある。150種類。「介護するまでは炊事や洗濯物を干すことはほとんどしたことがありません。私が一人になってもやっていけるように、妻が病床からいろいろ教えてくれていたのだと、後になって分かりました」

恵美子さんは6年間闘病し亡くなったが、劇団の再開を望んでいたこともあり、近田さんは2015年に新しい劇団員を募集し、公演を再開した。活動の源は「お世話になった社会にお返しを」との思いからという。現在、関西在住の主婦ら7人の劇団員がいる。

マリオネットに息を吹き込むために心がけていることを聞いた。「面倒くさいのですが、気温の変化で操り糸が伸縮するので夏と冬の年2回、人形1体につき2~7本、全部で60体180本の糸を交換して長さを調節します」

公演の際に、卒園間近の園児たちに「勉強の神様はどこにいると思う?」とよく尋ねる。子どもたちは「お守りの中」とか「本の中」とか答える。「面倒くさいところにいるよと伝えます。

マリオネットで得た教訓ですが、勉強のみならず、子育てや仕事も面倒くさいことを乗り越えて初めて実を結ぶのではないでしょうか」と語る。

１４０回目の記念公演（入場無料）を、京都市中京区で行う。「助け合いや親子の情愛をテーマにした演目もあります。これからも夢や想像力、好奇心を育んでいきたい」

子どもたちとの出会いと歓声が生きがいだ。

（２０１９年11月10日）

失われたいのち生かしたい　傷ついた人へ　いたわり育む

日航ジャンボ機事故の
8・12連絡会事務局長

美谷島　邦子さん（72）

安全の大切さを学ぶために慰霊登山した大学生らに語り掛ける美谷島邦子さん（2019年９月、群馬県上野村・御巣鷹の尾根）

掛けてもらった言葉が光明になることがある。

美谷島さんは、その言葉をずっと心の支えにしている。

1985年8月12日、自宅近くの羽田空港で、日本航空のジャンボ旅客機に搭乗する小学3年の次男健ちゃん＝当時（9）＝を見送った。約1時間後に到着する大阪空港には弟家族が迎えに来ており、大丈夫と信じていた。

しかし、旅客機は離陸後、ダッチロール（蛇行飛行）して群馬県上野村の御巣鷹の尾根に墜落。乗客・乗員計520人が帰らぬ人となった。

「どんなに怖かっただろうか」。美谷島さんは、健ちゃんをひとりで乗せたことを悔い、自分を責めた。

そんな時、乗客だった娘の能仁千延子さん＝当時（22）＝を亡くした徳島県の遺族のお母さんが電話をかけてくれた。

「娘は優しい子でした。健ちゃんの手をしっかり握っていたと思いますよ」

能仁さんと健ちゃんは、座席が隣であった。

事故後、被害者家族は情報を共有し、助け合うために、「8・12連絡会」の結成を目指した。

美谷島さんは当初、事務局長を引き受ける気持ちはなかったが、東京であった最初の集いに来ることができた人たちの様子を見て決心した。「その集まりには旦那さんを亡くした人が多く、小さなお子さんをおんぶしたり、手を引いたりしていて…。私しかいないのかなと思いました」。夫や母も賛成し、父も「机の上ではできない勉強ができるよ」と言って賛同してくれた。

連絡会は、被害者家族がつづる文集「茜雲」や会報「おすたか」を定期的に発行するなど、つながりを保つとともに日航にさまざまな安全対策の実施を求めてきた。何度も要望し、羽田空港近くには、事故機の残骸や乗客らがのこしたメモなどを展示する「安全啓発センター」が設置されている。

美谷島さんは事故当時、38歳で専業主婦だった。大学で栄養学を学び、料理を作って家族と食卓を囲むのを楽しんでいた。だが、暗転。事務局長になって、同じ立場の遺族から生きることに絶望をしたとの電話を受けた。なにも答えられない自分。「いのちの電話」相談員の研修を受け、電話相談の現場で一時受話器を取った。傾聴の大切さを痛感した。

地域の活動も行い、55歳になって精神保健福祉士の受験勉強を始め、資格を取得。精神障がい者を支援するNPO法人の理事長を務めている。また、保護司も引き受け、非行の少女らの立ち直りをサポートしている。

美谷島さんは2016年から、「いのちを織る会」の代表も担い、「失われたいのちを生かしたい」と全国各地で講演している。保育園や幼稚園、小中学校の子どもたち、日本や米国の航空会社、国土交通省職員らに、なぜ事故を未然に防げなかったのか、安全の大切さを伝えている。

今、実現したいと願っているのは、健ちゃんがあの夏、甲子園で高校野球を見るのを楽しみにしていた元ＰＬ学園選手の清原和博さんにメッセージを伝えること。墜落事故の後、健ちゃんの元には選手らの色紙や野球帽などが届いた。清原さんは立ち直ろうとしている。「信じてあげる人が多ければ多いほど、背中を押せますから」と。

深いかなしみと向き合い、苦悩を昇華してきた歳月が、傷ついた人への優しさといたわりを育んできた。

（２０１９年11月24日）

忘れられぬよう、声の証言を　弱い人の立場に立って

「ラジオ深夜便」のアンカー

住田 功一さん（59）

「大切にしている言葉は、ダウン症の書家金澤翔子さんが書にした『共に生きる』です」と話す住田功一さん（大阪市・ＮＨＫ大阪放送局）

熟練アナウンサーの包み込む声は、寂しい夜はひとりぼっちでないと感じさせ、仕事の夜は伴走してくれる。

ＮＨＫ「ラジオ深夜便」は毎日午後11時５分から翌朝午前５時まで、約６時間放送される。進行役のアンカーは日替わりで東京からが大半だが、「関西発」が月に３回ある。

住田さんは「関西発」の第２金曜夜を受け持つ。「聴いてくださるのは年配の方が多いですが、近年は30、40代の世代にも広がり、メールやツイッターでも反響が寄せられています」と笑みを見せる。

神戸市で生まれ、中学生の時に映画「ゴジラ」の中に出てきたテレビクルーを見て、実況中継に憧れた。神戸大を卒業し、１９８３年にＮＨＫに入局。熊本や鳥取を経て東京の放送センターへ。95年１月17日、休みで実家に帰省中に阪神淡路大震災に遭遇したことが、仕事や生き方に大きな影響を与えた。

「激しい揺れで飛び起き、中継車と合流し、高速道路の倒壊現場でマイクを手に被害を実況しました。ふるさとがやられたのだから、きちんと伝えなければ」と。中継車のケーブルを引くのも手伝い、次々と被災現場へ。

翌２月上旬まで１カ月近く震災の報道をして東京に戻った。メディアの役割の「より速く」、

「より詳しく」を実践したつもりだった。

けれども、「生き埋めから救出される様子を伝えた場所の向かいの家で後日、亡くなった夫婦が見つかり、あの時に助けを求めていたのではないかと…。胸にぽっかりと穴が空き、突然、わっと涙が出る日々が続きました」

周囲からは任を十分果たしたと言われたが、「もっとやれることがあったのではないか」と自問する日々を過ごした。苦悩し歳月を経てたどり着いたのは「人間は忘れやすい。だから、忘れられないように繰り返し伝えること」と背筋を伸ばして語る。

「人が亡くなったことから目をそらせば、被災や事故が忘れられ、今も、後世も同じ思いをする人が出ます。声の証言を集めるため、できる限り録音機とマイクを持って出掛けています」

「関西発」ラジオ深夜便には、ぼやき川柳など楽しい時間帯もあるが、午前4時台の「明日へのことば」は、悲しみを経験した人や防止に取り組む市民が多く登場する。信楽列車事故や尼崎JR脱線事故の遺族、由良川が氾濫してバスの屋根に上って助けを待った乗客、ゲリラ豪雨で増水して犠牲者が出た都賀川の水難事故を伝える活動など。

あわせて、住田さんが心がけているのは「弱い人の立場に立って放送する」こと。これはダウン症の長女（17）の子育てや日々の暮らしから培われたことでもある。「長女が立って歩けたのは3歳でした。育ちがゆっくりで言葉も遅い。妻と一生懸命、一つ一つ乗り越えてきました」

日本ダウン症協会大阪支部で、ホームページに載せる勉強会やイベントなどの記事づくりも手伝っている。

災害時に気がかりなのは、障がいのある人への配慮だ。「天井が高く、声が響く所は知的障がいや発達障がいの人が耐えるのは難しい。車いすの方も避難所の通路が狭いと通れません。そのことに心を寄せていただければ」。

来月、還暦を迎える。

「これまでの経験を生かして、できるだけ社会と共に歩みたい」

春秋を経てぬくもりを増した穏やかな声で。


（2019年12月8日）


【追記】

住田功一さんは、2023年3月の放送で「ラジオ深夜便」の担当を満了しました。

自分一人でもやる信念　皆で行動すれば事態を動かす

写真集「水俣」の共著者で
環境保護活動を続ける

アイリーン・美緒子・スミスさん（69）

「日本は私の大事なふるさと。すてきなところであってほしい」と話すアイリーンさん（京都市左京区）

世紀を超えて世界に訴え続ける写真集があるとすれば、「水俣ＭＩＮＡＭＡＴＡ」（英語版１９７５年、日本語版80年刊）に違いない。

「被害者の世界をみることは、この社会の真の姿をみることにつながります」

アイリーンさんは、連合国軍総司令部（ＧＨＱ）を経て貿易会社を興した米国人の父と日本人の母のもと、東京で生まれた。曽祖父は実業家で衆院議員を務めた故岡崎久次郎さん。両親が離婚し、11歳の時から米国セントルイス郊外の米国人の祖父母宅で暮らした。

「家族は優しかった。ただ、自分の異質さは意識していました。東洋を代表する気持ちで勉強しました」

名門のスタンフォード大に入学。夏休みのアルバイトで世界的写真家のユージン・スミスさんと出会う。１９７１年夏に一緒に来日して21歳で結婚。すぐ水俣市に居住し、74年秋まで３年間、水俣病の被害を撮影した。

ユージンさんは日本語ができないので、アイリーンさんが通訳し、患者家族や住民と酒も酌み交わして打ち解けていった。

「あの時代の切羽詰まった状況のなかで非常にぎりぎりのところまで世界に知らせたい、経済成長のもとで犠牲にされた水俣の人々の悲惨さを繰り返してはいけないと思いました。でも、患者さんや家族が見せたくないものをこじ開けてさらすことは絶対にしたくなかった。ただ、お願いのような接近はしました」と率直に語る。

今も思い出すのは、東京の百貨店で水俣の写真展開催がようやく実現した時のこと。「2人で取り組んだのに、担当者は有名なユージンの写真と商業的にしたかった。水俣に戻っていたユージンは頑張れと言ってくれた。でも、写真展が開けるか否かだったので結局、私のほうから折れました。シャッターを私が押した作品の下には小さく名前を記すことで我慢しました」

アイリーンさんはこの時、「このようにして女性の歴史が消されていったのだ」とさえ思った。くやしくて水俣で嘆き、作家の故石牟礼道子さんに受け止めてもらった。

その後、テレビの仕事も一時行い、戦後に日本に進駐した軍人らと女性の間に生まれて神奈川県内の「エリザベス・サンダース・ホーム」で子どもの頃を過ごし、海外で暮らす人たちのドキュメンタリー番組に携わった。成長したほぼ同世代の人々に米国で会い、「波瀾《はらん》万丈で、自分のしんどさがふっきれました」と振り返る。

ユージンさんは1978年に59歳で死去した。79年に米国スリーマイル島原発事故が発生。アイリーンさんは周辺住民の聞き取りに出向き、以後、反原発運動に取り組む。今は環境保護団体「グリーン・アクション」代表で京都市左京区の事務所を拠点に活動している。「原発を止めるのが使命と思ってやってきましたが、福島原発事故が起きてしまった。次の大事故を食い止めたい」

水俣での取り組みが人生にどんな影響を与えているかを尋ねると、「凝縮された3年で私の根幹。患者のご家族から学んだのは、たとえ自分一人でもやるとの信念、そして皆で行動すれば事態を動かす力になること。それを大事にしたい」と自身に言い聞かせるように。

現在、米国の映画会社がユージンさんの生涯を描く『MINAMATA―ミナマタ―』を製作している。

「患者は今も水俣病で苦しんでいます。映画公開にあわせて、水俣病やユージンのジャーナリズムなどをあらためて世界に発信したい」と力を込めた。

（2019年12月22日）

生涯修業、芸は日々進化　弟子育成も「個性大切に」

講談師で重要無形文化財保持者（人間国宝）

神田《かんだ》 松鯉《しょうり》さん（77）

「好きな読み物は男の美学が前面に出る『勧進帳』や、全20席ある『徳川天一坊』などです」と話す神田松鯉さん（東京都内の自宅）

精進を重ね、重要無形文化財保持者（人間国宝）に昨年秋、選ばれた。

神田松鯉（三代目、本名・渡辺孝夫）さんは、自身の芸を磨くのをはじめ、後進の指導に全力を尽くす。

心掛けていることは「個性を大切にし、教え過ぎないようにすること」という。

「弟子それぞれの長所を引き出して、伸ばすようにしています。自分の芸の色に染めてしまうと、弟子はその枠の中でしか育ちません」

男女8人いる弟子の1人、神田松之丞さんが、2月に真打ちに昇進し、大名跡の神田伯山（六代目）を襲名する。「伯山の復活は44年ぶり。松鯉は二代目伯山の隠居名で、松鯉、伯山の師弟コンビは99年ぶりです」と成長を後押しする。

神田松鯉さんは当初、役者になりたかったという。群馬県で生まれ、小学生の時に両親が離婚したため、母の元で暮らした。県立前橋商業高を卒業後、上京する。「貧乏しながら、おっかさんが育ててくれました。長男でそばにいてほしかったのでしょう、心細いから。それを振りきって東京に出ちゃったから、泣かれたですよ。でも、役者にどうしてもなりたかった」

方言を直すため、東京のアナウンス学校に通い、新劇の劇団研究生になった。劇団活動だけでは食べていけないので、港湾労働などのアルバイトをして生活した。「家におわびの気持ちで、毎月、わずかでも仕送りしました」

役者の基礎は朗読で、励んでいた時に先輩の俳優・演出家から「おめえの朗読は講談だ」と助言され、本物の講談を聴いたのが、講談との出会いだった。27歳の時、故・二代目神田山陽さんに入門。修業しながら、結婚披露宴の司会を千組以上、観光客向けのはとバスのガイドもした。「それらの収入で、結婚して生まれた3人の子どもを育てることができました」

1977年、35歳で真打ちに昇進。古典にとどまらず、「ビジネス講談」を創作。織田信長の柔軟な思考、大石内蔵助の指揮・統率力、八甲田山の雪中行軍を題材にした危機管理、定年後の生き方をテーマに、各地の企業や労働組合などに出掛けた。

49歳で三代目神田松鯉を襲名した。襲名の際、祝辞の口上を書いてくれたのは、先代の故・二代目松鯉さんと交流のあった瀬戸内寂聴さん。興行では、落語家の故・立川談志さんが襲名の舞台あいさつに並んでくれた。

講談を始めてほぼ50年。その間には高座で内容を忘れしてしまう失敗や、芸界の人間関係に悩んで髪を丸坊主にして生まれ変わった気持ちでやり直したこともある。

支えになったのは、談志さんから言ってもらった言葉という。「『世の中が乱れきっちゃった時に必要な芸というのは、講談なんだよ』と」

人との信義を守る、真心を大切にする、弱きを助け強きをくじく…、講談にはこれら人生の指針が数多く含まれている。

日常生活でも心配りを大事にする。「例えば道を歩いていて傘を差した人に出会ったら、こちらから傘を傾けて譲るとか、電車でからだの不自由な方がいたら席を替わってさしあげるとか。芸は人なりで、自分自身がそういう美しい生き方をしなければ、講談を読んでも、お客さんの心を動かしたり、共感や同感は呼びません」

人間国宝になり、やり遂げましたかと尋ねると、「芸人は生涯を閉じるまで修業で、まだまだ成長過程。日々、変化と進歩を続けたい。できれば講談界の全盛時代を見たい」と、力強い言葉が返ってきた。

円熟味を一層増し、至芸に挑む。

（2020年1月12日）

お年寄りと園児の懸け橋に　交流重ね、育むいたわりの心

乳幼児保育や介護に取り組む

長谷川　郁子さん（84）

「長生きするにはたくさん遊んで、大好きなマージャンをいっぱいして」と、元気の源を話す長谷川郁子さん（近江八幡市内の自宅）

現役の保育園長であり、社会福祉法人の副理事長をしている。

今は主に近江八幡市内のメリー保育園の園長として、乳幼児の世話をする保育士たちができるだけ働きやすいように取り組んでいる。

「園庭でジャングルジムに上って遊ぶ子どもたちを見ると、大丈夫かなと私は思ってしまいがちですが、保育士さんたちがしっかり見守ってくれていますので」と、表情を緩める。

米国人建築家で伝道者のウィリアム・メレル・ヴォーリズゆかりの医薬品メーカーに父が勤め、工場があった中国の奉天（現・瀋陽）で生まれた。終戦に伴い、10歳のときに日本に引き揚げ、近江八幡市に住んだ。

明治学院大を卒業し、東京で地域福祉に携わった後、結婚。牧師だった夫の赴任先の富山県に移り、そこで保育園長を務めた。その後、夫の転勤に伴い京都市内へ。民間病院の医療ケースワーカーになり、入院しているお年寄りたちに接した。

1981年、ブラジルの娘の元に移住するという友人から、近江八幡市内の保育園を引き継いでほしいとの話があり、小中高生時代を過ごした同市内で再び暮らすようになった。

「当時の園舎は雨漏りがするほど古くて、引き受けるかどうか迷いました。でも、裏山があり、空気が澄んで自然に恵まれているところ。毎日のように山に登れるし、アスファルトではない

でこぼこ道を、ここに石があるんだなあと、転ばないように歩ける魅力もありました」と、経緯を語る

八王子保育園長になり、社会福祉法人も立ち上げ、園舎の改築にこぎつけた。保育とあわせて、実現したいと願っていたのは、お年寄りの介護施設だ。

ドイツやデンマークなどヨーロッパの高齢者施設を視察し、「フォークとナイフがきちんと置いてあって、楽しく食卓を囲んでいる姿を見て、一人一人に丁寧に対応する大切さを感じた」という。

住民の好意で保育園そばの土地の寄贈を受け、１９９５年春に念願のデイサービスセンターを開設できた。

「心地よい一日を過ごしてもらうために、おいしいものを食べて楽しくおしゃべりしてもらえるように努めています」

園児たちは散歩中に摘んだ花をお年寄りにプレゼントしたり、一緒にお話をし、塗り絵をしたり、体操をするなど交流している。

「家族にお年寄りがいる家庭が少なくなっています。例えば握手したときにお年寄りのごわごわの、しわしわの手に触れることで、年をとったらこういうふうになるんだなあと、子ども

たちは感じ取ることができます。いたわりの心を育みたい」

昨年春からは、干拓農地が広がる近江八幡市大中にあるメリー保育園で園長をしている。近くの農家から「食べてね」と農作物が寄せられることもある。

これまでの人生を尋ねると「夫が53歳で病で急逝し、苦しいことも多かったですが、楽しいこともいっぱいあったのでプラス、マイナスゼロかな」と笑みをみせる。

「大切ないのちをたくさんお預かりしていますから、なにより事故のないように。きょうも一日無事におわったなあと思います」

子どもたちとお年寄りの懸け橋を目指す。

（２０２０年1月26日）

人生の意味を深く味わう「ないけど、ある」を見つけたい

人生心理学を研究する
京都大名誉教授

やまだ ようこさん（72）

「新しい趣味を始めました。俳句と鉱物収集。俳句には文化の結晶を、鉱物には自然の造形の神秘を感じます」と話すやまだようこさん（京都市左京区の自宅）

生涯発達心理学とは、人間が成長する過程で生じるさまざまな変化を発達という観点から研究する学問である。

やまだようこ（本名・山田洋子）さんは、専門外の人にも分かりやすいように、自身の専門分野を「人生心理学」とも表現する。

赤ちゃんの行動観察記録に基づいて「ことば」が生まれるすじみちに迫った研究をはじめ、人は「人生」をどう生き、その経験をどう意味づけするのかに着目したライフストーリー研究、さらに「ことば」ではとらえきれないイメージを多文化研究から探ってきた。

数量化する分析よりも、「ことば」やイメージ描画を用いる方法で、「質的心理学という新しい領域を切りひらいてきました」と話す。

岐阜市で生まれ、当初はフランス文学を学ぼうと名古屋大学の文学部に入ったが、人間の心理への興味が高まり、心理学を専攻。22歳で愛知県の心理職の公務員になり、心身障害者コロニー中央病院で自閉症児のセラピー（療法）を受け持った。

臨床の現場で子どもたちと向き合うなかで、そもそも子どもの発達はどうなっているのか、その「なぜ」を追究したいと、20代半ばで名古屋大学の大学院を目指した。

「公務員をやめたら、もう戻れないからと進む道を悩みました。周囲からも反対されましたが、どうしても研究したかった」

当時は大学院の社会人特別枠はなく、既に結婚していて子どもが生まれたばかり。子どものいる女性が大学院に通うのは珍しい時代だった。子育てをしながら研究時間を確保する大変さはあったが、「苦には感じなかった」と振り返る。

愛知淑徳大教授を経て、1997年、49歳で京都大の教授になった。2012年に定年退職して京都大名誉教授。その後、立命館大特別招聘教授を務め、現在は立命館大の上席研究員。

研究するテーマは、自身の人生の歩みの時期と重なっているという。

子育ての時期には、乳児期の研究に取り組み、40歳前になって中年期に目が向いた。人生半ばの身体の変化に伴って生ずる心の揺れ、なかでも病気や喪失の経験を人々はどのように受けとめ、自分の「ものがたり」として語るのかに重点を置いた。

多くの人にインタビューして語ってもらうなかで痛感したことがある。

「中年以降は今まで積み重ねてきた価値を見直して、もう一度、生き直しを考える時期です。人生に意味が見いだせなくなったときが一番つらいですよね。どんな困難があっても、何かの意味を見いだせれば、人は生きていけると思います」という。

老年期に入ったシニア世代へのメッセージを尋ねると、「年をとると身体はだんだん衰えますが、気持ちが解放される面もあります。まあ、いいかな、と思えたり。醍醐味《だいごみ》ということばには、味という字が付いています。経験を重ねることで人生を深く味わえるのではないでしょうか」。

やまださんが推奨するのは「ないけど、ある」だ。仕事は退職したが、その分、自由な時間が増えたとか、ないものよりあるものに目を向けていく、しなやかな発想。

自身は「志を持続させる」ことを大切にしてきた。今、全10巻の著作集（新曜社）の刊行に力を注ぐ。「ことばの前のことば」「ことばのはじまり」「ものがたりの発生」「喪失の語り」「世代をむすぶ」の5巻は、世に問うことができた。

あと5巻。「なかなか書けなくて」と笑みを浮かべながら、ライフワークとなる長年の研究の集大成に取り組む。

（２０２０年2月9日）

歌は自由でなければ　継承された世界の曲を次世代へ

歌手

加藤　登紀子さん（76）

「歌には野に咲く力、生き抜く力があると思います」と話す加藤登紀子さん（東京都渋谷区）

歌は、自由でなければならないという。立場を超え、国を超えて。

「人々が分断されていくとすれば、なおさらです」

旧満州（中国東北部）のハルビンで生まれた。戦後、苦難のなか、2歳8カ月の時に母と兄姉と日本に引き揚げた。中学1年の夏まで京都市で暮らし、東京へ移り住んだ。

加藤登紀子さんは、最初は歴史学者になりたいと思っていたという。東京大で西洋史学を専攻。在学中の1965年に父に勧められて出たシャンソンコンクールで優勝したことで、歌手デビュー。今年で55周年になる。

人生に大きな影響を与えたのが学生運動のリーダーだった藤本敏夫さんとの出会い。1968年春、学生集会で歌ってほしいと依頼された。デモに出た経験はあったが、「私は歌手なので、あらゆる人に聴いてほしい。デモ隊の学生にも機動隊の警察官の若者にも」と断った。だが、ひかれる。初デートの日に敏夫さんが口ずさんだのが、森繁久弥さん作詞・作曲の「知床旅情」だ。のちに登紀子さんが歌い、ヒット曲になった。「彼は歌がとても好きな人でした」

1972年、おなかに赤ちゃんがいるのが分かった時、敏夫さんは獄中の人になっていた。「誰もがとがめるだろうと、ひとりであれこれ悩みました。でも、病院のお医者さんが、あなたの難しい状況は重々分かるけれども、そんなのなんともないじゃないですか、産みなさいと言ってくれました」

登紀子さんは「結婚すれば面会できるし、子どもも連れて行ける。一遍に空が晴れ上がったうれしい気持ちで、とらわれない素晴らしい大人に出会えたことがありがたかった」と振り返る。

深い縁で結ばれた。だが、30年間の結婚生活では別離の危機もあった。

「『恋の駆け引きに勝ち負けはないわ、いつでも2人が負けたのね』。これはシャンソンの曲で私の訳詞です。相手を言い負かさず、お互いがすごすご負けたから、離婚せずに済んだと思っています」と、笑顔で。

出所した敏夫さんは「人間は地球に謝らなければいけない」と、農の道を選んだ。2002年に家族に見守られ、58歳で病気で亡くなった。

登紀子さんは世界の50カ国以上を旅してきた。ニューヨークのカーネギーホールの公演では、日本語の響きで歌うことにこだわった。「たとえ一滴でも、初めて日本語で歌われたポップソングを聴いた人が増えてほしいから」

2011年に起きた東日本大震災の被災地を訪ね、津波被害者や福島原発事故の避難者の苦悩に思いを寄せる。戦火がやまないシリアの爆撃の惨状にも胸を痛める。

「自分が土を踏んだ場所で今、何が起こっているのか。聞こえてくる声を私の心の内側で受けとめ、表現できているのか、いつも自分に問いかけています」

作詞、作曲し、今に通底する代表曲の一つ。

♬あなたは今この瞬間気づいていますか　人はこの世に生きる全ての生命《いのち》を愛せるただ一つのもの

（曲「Ｎｏｗ　ｉｓ　ｔｈｅ　ｔｉｍｅ（ナウ　イズ　ザ　タイム）」、２００２年）

長年続けている「ほろ酔いコンサート」をはじめ、各地で開くライブやコンサートでは「来られた方々が歌を聴きながら、自分を取り戻し、一番好きな自分に帰れる場であってほしい」と願ってきた。

これからを尋ねると、「歌い継がれてきた世界の曲、未来に残さないといけない歌を次の世代に手渡していきたい」と。

あふれる思いを胸にステージに立ち続ける。

（２０２０年２月23日）

地球環境守る橋渡しを「大変革の時代、危機感不足」

弁護士
気候ネットワーク理事長

浅岡 美恵さん (72)

「人生は、何かを選ばざるをえません。多くの人に助けられ、私は幸運だったと思います。ただ、子どもたちには負担をかけたかもしれません」と話す浅岡美恵さん（京都市中京区）

「事実を明らかにすることが解決の基礎になる」との信念で、半世紀近く現場に立ってきた。市井の人々の相談や悩みに寄り添い、解決策を一緒に考えることを最も大切にする。だから、京都弁護士会会長や日本弁護士連合会副会長も経験したが、まちの中にある弁護士「まち弁です」と自らを評する。併せて、気候危機に民間の立場で対策を提言し活動するＮＰＯ法人「気候ネットワーク」理事長を務める。

徳島で生まれ、医師の道も考えたが、京都大法学部を卒業。司法修習中に24歳で結婚し、翌年の１９７２年に弁護士になった。夜間保育も利用し、３人の子どもを育てた。

薬害スモン京都訴訟に関わり、水俣病京都訴訟の弁護団では国の責任をどう立証するか、核心部分を担った。多くの被害者に会い、熊本県水俣市の現地を何度も訪れた。

「患者さんたちは以前のようには健康を回復するということがないんです。取り返しのつかない被害。せめて経済的に生活が安定するように」

訴訟には時間もエネルギーも要る。「大変といえば大変ですが、被害者の苦しむ姿を思い、それが大きな原動力になりました」

痛感したのは、長い年月の間にどうして早く止められなかったのか、なにより事後救済でできることは、ごく一部で限られていること。「事前に起こらないようにすることが最も大事です」。法律家として、日弁連や消費者団体とともに、製造物責任法（ＰＬ法）を実現させた。高齢者が老後にと蓄えていたお金の詐欺被害に遭った豊田商事事件でも、少しでも被害回復をと取り組んだ。

気候変動への気づきは、水俣病の関係で１９９２年にブラジルのリオデジャネイロで開催された国連環境開発会議（地球サミット）に参加してから。「世界中につながっている問題。原因も影響も地球規模で、経済も社会も大変革が必要な問題。国家間の交渉だけでなく、世界のいろいろな国の市民も参加して議論する必要があります」

１９９７年に国連気候変動枠組み条約の第３回締約国会議（ＣＯＰ３）が京都市で開かれることになり、各地の環境団体でつくる「気候フォーラム」の事務局長として関わりを強めた。

２０１５年、フランスで開かれた第21回締約国会議（ＣＯＰ21）で「パリ協定」が合意された。温暖化の深刻な被害を避けるため、産業革命以来の平均気温の上昇を今世紀末で２度を十分に下回る気温上昇に止め、１・５度にも努力するとの目標を掲げる。その実現には２０５０年の温室効果ガスの排出量をほぼゼロにすることが必要とされる。

「この問題に関心を持ってきた者としても、予想を超える早さで気候変動が進行し、その影響が人々の生活にとって危険な事象として現れています。海面上昇による沿岸域の浸食など途上国は本当に深刻ですが、日本や欧米などの先進国も、いのちの問題になっている。経済的にも大きな打撃になっています」

浅岡さんは２０１９年12月に出されたオランダの最高裁判決を挙げ、「時間的な短さをいうのではなく、やって来ることがはっきりしているということを『切迫している』と示し、現実の被害と認めました。この10年、２０３０年までの早い取り組みが、将来を決めます」と、裁判所の果たす役割も重要と強調する。

「文化も社会も経済も『大変革』をしないといけない時代。日本政府も、人々も危機感の共有が足りません。意欲のある若い人たちが、市民の代弁者として地球環境を守る活動をできる時代に変わっていけるように、その橋渡しをしたい」と。

直面した弁護士としての苦悩、回復できない被害から可能な限りの司法救済と被害防止、さらに国境を超えていのちを守る活動に。その情熱はやまない。

（２０２０年3月8日）

泳ぎ続け、歩き続けたい　ほとばしるいのちの輝きを絵に

「風の画家」

中島 潔さん（77）

「生きた線、生命力のある線を描きたい」と話す中島潔さん（静岡県熱海市のアトリエ）

作風から「風の画家」といわれる。

「初めの頃の個展で、さだまさしさんが寄せてくださった文章の言葉です。それまであまり意識はしていなかったのですが、風が吹いている中にいると心地よく、ふるさとを思い出したり、気持ちが自由になる感じがします」

中島潔さんは旧満州（中国東北部）で生まれ、1944年に引き揚げ、1歳から佐賀県の炭鉱街で育った。父母は理髪店を営んでいた。

高校3年の秋、母が46歳で病で亡くなり、悲しみの中、わずか2カ月後に父が再婚した。「居場所がなくなったように感じ、進学はもうやめようと思いました。試験の日、唐津市の高校のそばの海で一日過ごし、どうしていいか分からなくなって。このふるさとも離れなきゃ駄目だなと思って、（天国の）母親に手紙を書きました」

記憶している文の終わりは「母さん、助けて」。空き瓶に入れて、海に流した。

静岡県の下田市で温泉掘りの力仕事に就く。宿で同僚たちが寝た後、小さな紙に木の枝や海、漫画などを描いた。「一日のうち、わずかでも楽しい時間をつくりたかった」。地域新聞の挿絵に応募したのがきっかけで下田の印刷所を経て、東京の広告代理店でデザインを担った。

パリに初めて行ったのは28歳の時。ルーブル美術館で絵を見る日々。スケッチブックを持った若者たちの後についていくと、国立美術学校だった。潜り込み、デッサンをしていると、巡回の女性の先生に見つかった。追い出されると観念したが、先生はスケッチブックを返してくれた。「フランス語はよく分かりませんが、周りの学生の様子から、線がきれいとほめられたようです。その時、絵描きになろうと決めました」

半年後に帰国。「自分には一生かけても油絵の色は出せない。でも、日本で培われたものならば」と、童画や黒髪の女性、ふるさとの情景をテーマに選んだ。NHKの番組「みんなのうた」のイメージ画で注目され、初めて個展を開けたのは、39歳の時だ。その後、源氏物語を題材にした作品を制作した。

56歳の時、父が息をひきとった。「作品の制作に苦しんでふるさとに帰った時、父がまだ元気だったので、話や食事をしましたが、結局、ゆるしはちゃんと言えませんでした。母のお墓にお参りする時は、僕の絵を持って行ってくれていたと、亡くなった後で聞きました。恥ずかしいけど泣きました」

中島さんは、母への思慕と父への反発心が絵のエネルギーになっていたという。

そして、金子みすゞの詩の世界を描く。それまでの作品と併せ、念願だったパリで個展を開催できたのは渡仏から30年ぶりのことだ。

２０１０年、67歳で清水寺の成就院へ46枚のふすま絵を奉納した。とりわけ、金子みすゞの詩「大漁」から着想を得た絵は、無数のイワシが群れ泳ぐ中に少女が正対する構図で圧巻だ。「人生が短い人も、長い人もいますが、みな一生懸命生きています。ほとばしるいのちの輝きを絵に込めました」

その後、「生きることはとても苦しいが、必ず救いがある」との願いをもとに、「地獄心音図」に挑み、六道珍皇寺に納めた。

今年、喜寿になった。「僕は絵の学校を出ていないし、独学なので若い時、ギャラリーを訪ねても作品展をなかなか開けませんでした。でも、唯一自分ができることは筆を動かすことだと思ってきました。人生は歩く、とよく言われますが、歩いていれば必ず何かあるし、誰かに会うし、違った景色があります。泳ぎ続け、歩き続けたい。一生懸命描いていることが伝われば」と話す。

今、取り組んでいるのは、「いのちをつなぐ、紡ぐ母のつよさ」である。「いつもですが、描くのに苦労しています」と顔をほころばせた。

（２０２０年8月16日）

教えることは教えられること

鍛えた弟子、存在が力に

囲碁棋士九段

石井　邦生さん（78）

「今はＡＩ（人工知能）の影響もあり、中国、韓国をはじめ10代、20代の若い人が伸びてきていますが、井山には世界一の夢を実現してほしい」と話す石井九段（大阪市・日本棋院関西総本部）

囲碁のタイトル全7冠同時制覇を二度成し遂げて国民栄誉賞を受けた井山裕太さん（31）の師匠であり、自身、公式戦通算千勝を達成した現役棋士だ。

千勝は日本棋院所属棋士で18人目の快挙で、74歳3カ月での到達は史上最年長記録。「こつこつとやって来ましたから、私のような凡才でも」と謙遜する。

福岡県生まれ。しょうゆ杜氏《とうじ》の父が碁を愛好し、打つのを見ているうちにひかれた。小学6年生で兵庫県尼崎市の故・細川千仭《せんじん》九段の内弟子になり、細川家に住み込んで修業した。先に入門していた兄が独立して東京に行くのに伴い、高校卒業後は自分も東京への希望を抱いた。だが、細川九段に「おまえまで行くのか」と引き留められ、悩んだ末に関西にとどまった。

東京は当時、強豪がひしめき、憧れの所。「私より1年早く入段し、目標だった林海峰さんが行って、すぐ名人になりました。でも、関西にとどまったから井山との出会いがあり、よかったと思っています」と振り返る。

20歳から50歳まで、関西総本部でプロ棋士の卵である院生を指導する師範を務めた。「教えることは、教えられること。自分自身が襟を正し、勉強や研究をしておかないといけません」。この間、30代でトップクラスの代名詞である本因坊リーグに2期入り、40代で名人戦リーグを2期など活躍してきた。

50代半ばで、テレビのミニ碁の番組で出会った6歳の井山さんの才能を見抜き、間もなく弟子として引き受けた。石井さんと井山さんの家は離れていて通うのに長時間かかるため、電話回線を用いたネット碁を主に用い、月に2、3回は直接会って打った。ネット碁は千局に及ぶ。井山さんが小学3年で院生になってからは、院生対局の棋譜に感想を書かせて送ってもらい、石井さんが解説や感想を記して送り返す「書簡方式」も併用した。

師匠として心掛けてきたことを尋ねた。「それぞれ個性があり、才能があります。一番いけないのは、例えば石井流とか、弟子に合わないことを押しつけてしまうこと。私がタイトルを取れなかったのは、なぜか。たたかう力が足りなかったから。それを満たすためには『読み』が必要。だから、『読み』を鍛えてやろうと。愚直に読む。その繰り返しで、だんだん『読み』も深くなるし、早く読めるようになります」

『読み』とは、さまざまな手を考え、先の展開を見通す力である。

「書簡は、すぐ師匠に聞くのではなく、弟子が考え抜く習慣につながりました。碁は答えだけを知っていても、何にもならない。自分で考えるプロセスが大事。間違いを教えてしまったこともあり、反面教師となって、天才の井山にはかえって良かったかもしれません」と表情を緩める。

師弟として出会った年齢もよかったという。「若い頃、私は血の気が多いほうでしたから…」と苦笑し、「井山がいくじのない手、元気のない手を打った時は、ぐっと言葉を飲み込んだこともしばしば。でも、あどけない顔を見たら叱れなくなって」

自身の思い出の一局は2001年4月、59歳で出場した世界選手権富士通杯。当時、世界最強といわれた25歳の李昌鎬《イチャンホ》さん（韓国）に中押し勝ちした。

「盤面に集中していて、李さんが投了したのに気づかなかったほど。誰も私が勝つとは予想していなかったでしょう。勝てないまでも見せ場はつくりたいという気持ちでした」と、弟子の存在が力になったという。

生き方で大切にしている言葉は「雨垂れ石を穿《うが》つ」。自身の人生の歩みと重なる。喜寿を過ぎてなお、週に数日、山道を1日15キロジョギングする。「碁は体力が要ります。できるだけ長く現役を続けたい」。好々爺《や》から勝負師の顔になった。

（2020年8月30日）

今在ることだけを追いかけない　西洋近代化への懐疑　根幹に

映画監督

小栗 康平さん（74）

「3・11の東日本大震災、今度の新型コロナなど、従来の価値観とはちがう生き方を模索せざるを得ない時。文明とはなんだったのか、問い返す目が要るのではないでしょうか」と話す小栗康平さん（栃木県益子町）

珠玉の作品の数々。映像の鮮烈さと余韻が心にのこる。

「今在ることだけを追いかけない」

「少なくとも映画をつくるうえで人の追従はしない」

小栗さんが自らを戒め、培ってきた志操だ。

群馬県前橋市生まれ、家は文具店を営んでいた。「子どもの頃はやんちゃなガキでした」。高校に入って文学や映画の世界に出会う。それまでの野球やテニスのスポーツから関心が変わった。早稲田大第一文学部を受験したが、かなわず、夜間の第二文学部へ。在学中の20歳の時、父が病で他界する。文具店を手伝いながら卒業し、フリーの助監督になった。

当時の映画界は不況産業として縮小期に入り、就職できる状況ではなかったという。「フリーとは名ばかりで仕事がなければ慢性的な失業者。鬱屈《うっくつ》した歳月でした」と、雌伏の日々を思い起こす。

人生の岐路は35歳の時。知遇のあった映画大好き人間、鉄工所の経営者の木村元保さんから突然「おまえが監督をやれ」となった。半信半疑のまま宮本輝さんの小説「泥の河」を持っていくと、すぐにやろうとなって「なにもかもがあり得ないことでした」。

師匠の浦山桐郎さんに話すと「おまえ自身に刺さっているか。哀切であることは誰でも撮れる、それが痛切であるかだよ」と、原作についてはいいも悪いもないに一つ触れないまま、そう言った。一本立ちするにあたっての、浦山流の伝授だった。

映画はキャストやスタッフに恵まれ、完成した。だが、いわば無名の新人のデビュー作。配給のめどがたたず、やむなく自主公開にせざるを得なかった。岩波ホール総支配人らが「これは育っていく映画だから大事にしましょう」と協力してくれた。反響を呼び、大手映画会社が配給を申し出て観客の輪が広がった。国内やモスクワなど海外の映画賞も受賞。「奇跡のように歩みが進んだ映画でした」

続いて、李恢成さん原作の映画「伽倻子のために」に取り組む。そして、島尾敏雄さん原作の「死の棘《とげ》」で、カンヌ国際映画祭のグランプリに次ぐ審査員大賞と国際批評家連盟賞の栄誉を受けた。

さらにオリジナル脚本も担当し、中山間地の風土と人のありようを静謐《せいひつ》に描いた「眠る男」では、煩悶《はんもん》した30代に書いた日記の一節をセリフにした。「物事が変化し、移り変わっていくことがなぜ、かなしみに重なるのだろうか」

その後、ファンタジー作品の「埋もれ木」を製作した。近作は、乳白色の裸婦像がフランスで脚光を浴び、戦時の日本に戻って戦争画を描いたことが戦後批判され、帰国することなく欧州で生涯を閉じた画家藤田嗣治の「ＦＯＵＪＩＴＡ」。表現者としてのかなしみと屈折を浮き彫りにした。

作品のテーマはそれぞれ異なるが、底に流れるのは、いのちあるもののあわれや、隠れて見えなくなっているものへのまなざし、森や川など自然の映像の美しさ。「映画は詩でありたい」とも語る。

小栗さんの根幹にあるのは、西洋近代化への懐疑だ。

「近代がもたらした恩恵にわれわれは浴してきました。ヒューマニズムや民主主義などを手にした一方で、国民国家の名のもと、『市民』となった私たちは共同体から引き剝がされて砂粒のようにバラバラで孤独な『個人』になりました」と話し、「映画は西洋近代が生んだもの、近代の孤独を暗闇に集めているのではないでしょうか。でも今の映画はただ明るいだけです」と憂う。

来月、75歳になる。「これまで映画は、ある人物がある事柄を果たせるかどうか、行為の物語として『可能の世界』を描いてきました。そうした前に向かう目標設定ではなく、後方に大事なことがある、そんな映画をとらえてみたい」と構想を練る。

今、「老い」の世界を深く見つめている。

（２０２０年９月６日）

自然の神秘 おもしろさ伝える

現場重視「ほんまもん」で勝負

京都府立植物園名誉園長
京都府立大客員教授

松谷 茂さん（70）

「中学から社会人までバレーボールをしてきたので、困難に直面した時は『負けへんで』と思ってきました。好きな言葉は『穏やかに』です」と話す松谷茂さん（京都市左京区）

植物に負担を与えないように剪定《せんてい》ばさみで丁寧に葉や枝を切る。小中高生や大学生に手渡し、匂いをかぎ、かんで味わうことを勧めてきた。

「新型コロナの影響で今はできないのが残念ですが、例えばニガキという木は、枝をかむと本当に苦い。薬効もあり、まさに『良薬、口に苦し』です」と、名付けのおもしろさを語る。

子どもの頃は京都市内の用水路でヤゴを捕ったり、野原の草いきれを感じて育った。高度経済成長へ向かい、自然保護の大切さが言われ始めた時代。将来は自然に関わる仕事を、と志した。

京都府立大の林学科を卒業後、京都大大学院農学研究科に進んだ。当時、教授だった森林生態学者の故・四手井綱英さんが語った言葉を胸に刻む。「自然が教えてくれる」「自然に答えがある」。芦生の京大演習林（現・研究林）をフィールドに歩き回った。

京都府庁の林業職の職員になり、山の造林検査や森林施業計画の策定など林務行政を20年間担当した後、40代半ばで府立植物園へ。樹木係長として、担当する約5万5千本の樹木と国内自生の野草数百種がどこの場所にあるか地図づくりに力を入れ、栽培や維持管理の現場で汗を流した。

植物園の歴史をさかのぼると、今から約１００年前の１９２３（大正12）年11月に大典記念京都植物園として完工、翌年1月、有料開園。戦後、進駐軍に接収されて存続の危機に見舞われたが、その後、返還され、1961(昭和36)年4月に京都府立植物園の名称で再開園した。

子どもから大人まで多くの人に親しまれているが、2004年に技術課長になり、入園者の減少への対応に迫られる。「杞憂《きゆう》でしたが、万一、外部委託の指定管理者制度の対象になったらとの懸念、学生のプランとはいえサッカー場候補地の一つに擬されていると新聞で知り、戦後の接収に継ぐ第二の危機と悩みました」と振り返る。

打ち出したのは「ほんまもんの植物で勝負」「しかも直球で」。ロックコンサートなどのイベントをすれば、一時的に入園者は増えるが、その道はとらない。職員一人一人にアイデアを求め、冬のクリスマスイルミネーション、土曜ミニミニガイドなど楽しめる催しや、園内情報の発信を充実した。

動物の行動展示で人気を博していた旭山動物園(北海道旭川市)も訪ねた。小菅正夫園長に会って「動物にすごい愛情を持ち、現場を重視し、ほんまもんの動物で勝負しておられた。それを植物に置きかえると、一緒やな」と、目指す方向を確信した。

2006年に植物園長になり、10年ぶりに70万人を回復できた。「税金が投入されている植物財産を職員の努力で還元できた表れ」とうれしかったという。2010年に定年を迎え、名誉園長。併せて、母校の京都府立大の客員教授になった。

大学では、主に樹木学習を行っている。机上だけではなく、現場で実際に体感することに重きを置く。「アナログの教育は絶対に大事です」。

さらに文理融合も心がけている。「一つの植物を見ても、理系的な面から分類や図鑑の話、と同時に源氏物語の中で紫式部はこう表現している」と多面的見方を示す。

伝え、気づいてもらうことを実践している。勉強というと、強いる感じがするからという。「おもろいやろから入って、興味を持たせます。子どもの頃の原っぱの草いきれが原点かも」。

人間にとっての植物の意味を尋ねた。「植物が酸素を生むから動物は生きていけますし、人の心を癒やし、精神の安定にもつながります」と話し、植物園は「神秘のベールに包まれた秘密の花園です」と。

「ほんまもんの植物園」の伝道師として、現場に立ち続ける。

（２０２０年9月13日）

子どもたちの背中に羽を

生きることには価値がある

長年、養育里親をしてきた

鶴丸 富子さん（71）

「里親になれて、うれしかったこと、悲しかったこと、いい出会い、いい思い出もいっぱいあって豊かな人生と感じています」と話す鶴丸富子さん（京都市中京区・京都新聞社）＝撮影・山本健太

さまざまな事情で実親と離れて暮らさなければいけない子どもたちの生活を支えてきた。一時保護委託や養育里親として育てた子は3歳から高校生まで10人に上る。

「子どもたちにとっては、長い人生の中でほんのひと時、私のところに寄り道した感じでしょうが、共に生活する中で、生きることは価値がある、あしたはもっといいことがあるかもしれないと思えるようになってほしいと願って接してきました」

兵庫県姫路市生まれで6人きょうだいの中で育った。高校を卒業し、新日鉄に就職。働きながら21歳で佛教大通信教育部に入学した。社会福祉を学ぶなかで、里親制度を知った。社会的養護のもとにある子どもたちが少しでも生きやすくなるようにと、将来、里親になろうと心に決めた。

27歳で結婚して京都市内に住み、専業主婦で娘と息子を育てた。40代になって子育てに手がかからなくなり、家族に里親登録をしたいと気持ちを伝えた。運送会社に勤める夫や実子も賛成してくれた。同居していた夫の母親はかつて中学で先生をしており、児童相談所の職員が家族状況を確かめに自宅に来ると「京都市から大事なことをお願いされるようになった。名誉なことやなあ」と喜んでくれた。

47歳の時、初めて中学生の女の子を預かった。朝、定刻に起こし、ごはんの後、登校させる。

帰宅後は夕食、お風呂。公立高校を目指すには少しでも勉強をと一緒に机に向かった。だが、一週間もしないうちに「おばちゃん、私、勉強が嫌いやねん」としくしく泣く。「学ぶことで貧困や偏見、格差もはね返せるし、夢も持てると思っていましたが、境遇に傷つき、スタートラインの手前にいる子どもの現実を知りました」

気持ちが届かなかったことも多いが、里親だからこそ出会えた場面もある。父が亡くなり、母も末期がんで入院中の知的障がいのある小学生の女の子。母の苦痛が激しく、この子には状況が理解できないだろうから、亡くなった後で知らせようという親族の考えを聞き、そんなことは許されないと抗議し「お母さんに会わせてやって」と訴えた。その気持ちが通じて、亡くなるまでの1カ月間、母と子の穏やかな思い出の時間を持つことができた。その後、彼女は親戚夫婦に引き取られた。

高校生の女の子の視力が極端にわるいのに気づき、眼鏡を一緒に購入したことも。黒板が見えないので、友達のノートを写させてもらっていたという。「おばちゃん、すごく良く見えると言って、喜んでくれました」

3歳から育ててきたダウン症のナオさん（22）との生活は19年になる。ナオさんは総合支援学校高等部を卒業し、電車と徒歩で市内の作業所に通い、ネジの袋詰めなどの作業をして工賃をもらっている。里子は20歳までなので里親としての役割は終えたが、今も交流している。

初めての対面の時、夫と2人で乳児院に行った。「抱き上げてみて、その場で引き受けますと言いました。私、かわいがって大事に育てましたよ」と、あふれる思いを言葉にした。「ベビー手話」で発語を促す工夫をし、補助輪付き自転車の練習を根気よく続けた。今は普通の自転車に乗れる。水泳のクロールができるまでに10年かかった。「夫や実子も協力してくれましたし、水泳のコーチやヘルパーさん、ケースワーカー、主治医や学校の先生ら専門職の人と二人三脚でいろんなことをやってきました」と振り返る。

鶴丸さんは京都市里親会の会長を12年務め、現在は顧問。「私自身、迷ったり、困った時は抱え込まず、オープンにして周りのサポートを得て、一つ一つ扉を開けてきました。養育里親、養子希望里親の両方とも増えてほしい。子どもたちの背中に小さなものでいいから、飛び立てる羽をつけてあげたい」と笑顔を見せた。

（2020年9月20日）

芸術は人間に不可欠　見えぬ存在を形に、人の尊厳守る

ヴォイスギャラリー代表

松尾　恵さん（63）

「王道や本流には興味がなくて、支流にひかれます。脚光を浴びるピカソの前後に、どれだけたくさんの人が泣きながら亡くなったかと思います」と話す松尾恵さん（京都市下京区）

美術作品のアーティストを裏方として支えてきた。今は自ら催しを提案する企画展主体だが、開設当初から長年にわたり、展示する所がなくて困っていた若い人に作品発表の貸し空間を提供してきた。

「現代美術のいわば『実験室』として、身体表現や音、映像作品などさまざまなものを受け入れてきました。若い才能や新しい感覚をどれだけ見つけられるかが私の役割と思って」と語る。

神戸市生まれ。父は戦時中に空襲で二度家を焼かれた経験を持つ。戦後はインドやネパールの人たちと貿易をし、ネパールでは小学校建設や進学支援などに寄付を続けた。父方、母方とも教育者が多かった。「子どもの頃、周りに第2次大戦を経て生き延びている人がいっぱいいました。創意工夫をし、自分なりの道を見つけて。それが私の考え方に影響を与えていると思います」

美術が好きで、中学の先生が京都市立芸術大出身だったこともあり、同芸大を目指した。工芸科に合格、その後、染色を専攻したが、壁に直面する。「周囲を見て、才能とはこういうことかと、絶対に追いつけないと感じました」。それが後に作家としての可能性に見切りをつける下地になった。

卒業後、西陣織の下絵描きや友禅の色差しなどのアルバイトをするなかで、手伝っていたギャラリー運営が、一生の仕事になるきっかけになった。四条河原町近くにあったギャラリーは勤めて1年ほどで閉鎖したが、その間に多くの作り手と交わり、支える側の楽しさを知った。

1986（昭和61）年、29歳で若手の女性ギャラリー経営者として独立し、最初は出町柳に開設した。関西日仏学館（現アンスティチュ・フランセ関西—京都）に近く、フランスの美術研究者とも知り合いになった。日本の電機メーカーが主催する若手アーティスト発掘の全国公募展でグランプリや準グランプリに選ばれた若者が、展示していたことでも注目された。

2008年に広いスペースを求めて、南区へ移転。さらに、「職住一体の京都のまちなかの暮らしを経験したい」と、13年に下京区の現在地に移った。

松尾さんが芸術の意味を深く考えるきっかけとなった出来事が二つある。

一つは小学校の図工の時間に、先生に汚いものを描いてごらんと言われ、焼却炉と紙くずや壊れたいすなどのゴミを描き、「よいものを見つけた」と褒められた。「見ようとしなければ汚いものには気づかない。先生は、絵を描く深い意味のひとつを伝えたかったのでしょう」

もう一つは、中学の時に美術館で見たムンクの「叫び」だ。「きれいな絵ばかり見て育ったから、びっくりして。でも、これも表現だと思いました」。その経験が、大人になって「芸術は人間のもろさや危うさとともにあるがゆえに人間に不可欠」との確信につながっていく。

時に、芸術は芸術家の自己満足と心ない言葉を言う人がいる。それに対し「芸術家は自身を含め、叫びやつぶやきに耳を傾け、社会が見ない聞かない小さな個人を代弁し、その存在を形にする重要な存在です。芸術は美しいものだけでなく、汚いものや弱々しいものも包含し、人間の尊厳を守るもの」と訴える。

新型コロナの感染の広がりで、経済優先に重きを置く傾向がみえるだけに「芸術は後回しでいい、のではなく、行政はほかの分野とともに支援を継続してほしい」との思いを一層強くする。自身のこれからについて。「展覧会を企画したり、広報の工夫が私のクリエイション（創造）。その実践を整理して文章に残したい。併せて、文化政策とアーティストの間に溝があるので、それをスムーズにつなげるアートマネジメントの研究を重ねたい」と力強く。

芸術の意味や価値を世に問い続ける。

（2020年9月27日）

自らを問い、生ききる

遺作の絵求め全国各地訪ねる

戦没画学生慰霊美術館「無言館」
館主、作家

窪島 誠一郎さん (78)

「無言館の建つ丘に至る坂を『自問坂』と名付け、書いた文字を自然石に彫ってもらいました。自分を問う場所でありたい」と話す窪島誠一郎さん（長野県上田市・無言館第二展示館）

自身を「流木」に例える。

寄る辺なさ、何者であるかを求め続けた歳月ゆえに。

太平洋戦争の開戦直前、1941（昭和16）年に東京で出生。2歳の誕生日を迎えてまもなく、靴修理店兼学生下宿を営んでいた養父母のもとで戸籍上、実子として育てられた。疎開して、戦後戻ると空襲で店は焼失し、焼け野原になっていた。

暮らし向きは苦しく、中卒で働く予定が、担任の先生が「高校は出たほうがいい」と養父母に掛け合ってくれた。卒業後、服地店の店員に就職した。だが給料は安く、勤めを終えて、深夜喫茶でアルバイトをせざるを得なかった。東京オリンピックの前年、21歳で小さな酒場を開く。文化人らお客さんがつき、系列店も増えて繁盛した。「高度経済成長の最終列車に飛び乗った感じでした」

その後、好きな絵を仕事にしたいと、画廊を営む。並行して実親捜しを続けた。かつて近隣に住んでいた人や下宿生をたどるうちに、実父が小説家として著名になっていた水上勉さんと判明したのは35歳の時だ。戦時中に研究所に勤め、その後、別の家庭を築いていた生みの母も名乗り出てくれた。戦時下に生活難や当時無名だった水上さんの肺病などから、実父母と離れ離れになったことが分かった。

「小学生の高学年頃から自分はいったい何者と感じてきました。でも、僕は幸せなほうです。本当の名前も実親やふるさとも分からずに生きている中国残留孤児の孤独の深さに比べれば」と思いを寄せる。

再会時は生みの母や真実を話してくれなかった養父母に激しく反発したが、「今はこの世に産んでくれたこと、愛情を注いで成人させてくれたことに感謝しています」と胸中を吐露する。

長野県上田市に37歳の時に信濃デッサン館（現・残照館）を開設。それまで収集してきた、大正時代に病で早世した画家の村山槐多《かいた》や関根正二らの素描を展示した。上田の地を選んだのは槐多が放浪した地でもあったから。「自己喪失を、夭折《ようせつ》した絵描きを追い続けることで埋めようとしたのかもしれません」

戦没画学生らの絵を求めて全国各地の遺族宅を訪ねるようになったのは52歳の時。洋画家の野見山暁治さん（のちに文化勲章）から「自分はたまたま戦争から生きて帰れたけど、才能のある仲間がたくさん死んだ」と聞いたのがきっかけだった。

東京美術学校（現・東京芸術大）や京都市立絵画専門学校（現・京都市立芸術大）をはじめ、独学で学び、志半ばで亡くなった画学生らの作品を集め、1997年に戦没画学生慰霊美術館「無言館」を開いた。事業費は寄付金や銀行からの借金でまかなった。「年金生活の中から寄付をしてくださった方もいます」。今は130人、約600点の遺作を収蔵する。

「彼らにとって、絵を描くことは生きることでした。出征の残り時間ぎりぎりまで、愛する恋人や家族、ふるさとの風景などを描いた。もっと生きて、絵を描きたかったでしょう。絵を探したというより、絵が待っていてくれた」と振り返る。

なぜ、「無言館」と名付けたか、よく尋ねられる。「ご遺族宅を回っているうちに、自分はなんにも考えないで生きてきたと感じました。絵は話さないという意味もありますが、むしろ、自分自身が戦後生きてきた歳月に対して無言で立ち尽くしている感じ。画学生らは今のわれわれを、戦後75年、どういう生き方をし、何を忘れたのかと問いかけている気がします」。

近年、くも膜下出血で倒れたが、がん摘出、肺炎も乗り越えた。今、若い世代に、どう伝え、バトンタッチしていくか、懸命に思索している。「画学生らが最後の最後まで絵筆をふるったように、いのちの一滴のしずくまで使いきって、生ききりたい」と力を込めた。

（2020年10月4日）

無心に見つめ、本質をつかむ　広大な宇宙を画面に宿らせる

洋画家、東京芸術大名誉教授

野見山　暁治さん（100）

「海が好きで、以前はシュノーケルを付けて浮遊しました。海底を眺めるのは楽しいですよ」と話す野見山暁治さん（東京都練馬区の自宅アトリエ）

絵は説明するものでなく、感じるもの、と言う。

「芸術とは、こういうふうに感じなさいと示されるものではなく、その人がどう感じるかです」

福岡県で生まれ、東京美術学校（現・東京芸術大）に進んだ。1943年、戦争で繰り上げ卒業し、陸軍2等兵で出征。旧満州のソ連国境近くに派遣された。行軍の疲労から、中学生の時に患った肺病が再発。病院に収容され、内地に戻されて傷痍《しょうい》軍人療養所で終戦を迎えた。

「ソ連国境はあたり一面白い雪が凍りついた景色で、色のない世界でした。僕がいた歩兵部隊はその後、南方へ行かされ、ほとんどの隊員が亡くなったと聞きました。生きるも死ぬも紙一重ですね」と沈痛な表情で振り返る。

戦後約30年たった1970年代半ば、放送出版関係者が出征した戦没画学生の遺族宅を訪ねる企画を立て、野見山さんは同行を依頼された。美術学校在学中に遊びに行ったことのある友人宅で、帰り際に自分のコートを後ろから友人の母が着せてくれた。その手がなかなか離れず、震えていた。

「亡くなったわが子が帰ってきたように思われたのでしょう。せつなくて。忘れようとしている遺族に思い出させるのはつらいので、同行はやめますと企画者にいったん断った。でも、これから飛び立とうと絵を描いてきた画学生たちに申し訳ないし、遺作に打たれる。鎮魂の意味、役割があると思って続けました」

その後、作家の窪島誠一郎さん（79）が野見山さんの思いを受け継ぎ、全国各地の戦没画学生の作品を収集して、1997年に長野県上田市に戦没画学生慰霊美術館「無言館」を開館した。

野見山さんは、生涯で絵を描けないと思ったことが二度あるという。終戦時と、戦後にフランスで絵を学んで帰国した時だ。「終戦まで国の統制下で行動してきたので、解放されて自由ですと言われてもぼうぜんとして。フランスから43歳で戻った時は、12年ほど一度も帰国していなかったので日本語のニュアンスがつかめず、外に出るのが怖くなった。月日とともに、氷が解けるように、徐々に描けるようになりました」

絵は、若い頃の作品は具象的だったが、次第にかたちがうつろっていった。既成概念ではなく、無心に見つめることを大切にする。風景をはじめ、対象から本質をつかみ出し、象徴的に描く。「絵画は、どんなに広大な宇宙をも小さなキャンバスに宿らせる術。自分の描く絵が限られた画面の中に広い宇宙を確立していなければ意味がありません」と話す。

たとえば、向かいの山を対象にするときは、山を描かなくても、その大きさや存在感、生命力の強さを表現することを目指す。

洋画をはじめ、水彩画やステンドグラス、絵本も制作してきた。新美南吉作の「でんでんむしのかなしみ」では、絵本の挿絵を担った。「人間が持っている苦悩をどうすれば絵で出せるか、大人も子どもも見て、その年齢で解釈できるように心がけました」と作品づくりの思いを語る。

東京芸術大の教師を務め、後進を育て、退職。文化勲章を2014年に受章した。これまでに「四百字のデッサン」で日本エッセイスト・クラブ賞も受けている。文筆については「どのように書けば伝えられるか。率直に思ったとおりを書いているだけです」と言葉少な。本業でないゆえか、照れるように。

ひと世紀生きてきた感慨を尋ねると、「日本人は年齢で行動を限定したり、祝ったりしますが、100年たてば100歳になりますから」と、あくまで自然体だ。

表現の豊かさと多様性を求め、絵の旅を続ける。


（2020年12月20日）


【追記】

野見山暁治さんは2023年6月、102歳で逝去されました。

負けに正面から向き合う心

愛弟子追悼の日、初心忘れず

将棋棋士七段

森 信雄さん（68）

「夢を持っている子は面白いです。挫折しても前を向いて進めるようにしたい。今、幼稚園児で将棋ができる勘のいい子がいて、これからの成長が楽しみ」と笑顔を見せる森信雄さん（兵庫県宝塚市の自宅）

将棋は、人生の営みに似ている。

「その都度、その都度、新しい局面が生じて、ほとんど同じ局面はありません。そして、必ず自分で判断していかねばなりません」

愛媛県の生まれで、幼い頃に父が失踪し、母子家庭で育った。小学生の時、遠足の際に外で力仕事をしていた母と偶然出会った。その時、うつむいて顔を隠して通った記憶がある。「今も思い出すたびに、一生懸命働いてくれていた母に申し訳なかった」と振り返る。

中学では夕刊を、高校では朝刊の新聞配達をした。奨学金を受け、できるだけ母に負担をかけないように努めた。高校卒業後、兵庫県伊丹市の工場に就職。だが、ゴムを刃物で切る作業が不得手で、機械のローラーをたびたび止めてしまい、上司や同僚に迷惑をかけた。

自信を失っていた時、高校在学中に恩師がかけてくれた言葉が脳裏をよぎった。「そがいに将棋が好きなら、プロ棋士を目指したらどうかな？」。日本将棋連盟のプロの卵である奨励会の試験に挑もうと職場を辞め、周りより遅い20歳直前に合格した。

だが、棋力がなかなか上がらない。悩んで一時ふるさとに戻った。21歳の時、関西本部（大阪市）に住み込んで雑務を担う塾生の空きがあり、強く志願して自分の居場所を見つけた。1976年、24歳で晴れて四段に昇段してプロ棋士になった。80年には新人王戦で優勝した。

森さんは、将棋界の中でも弟子が多い。29歳で早世した故村山聖さん（追贈九段）をはじめ、NHK杯で優勝した山崎隆之八段、竜王のタイトルを獲得した糸谷哲郎八段らこれまでにプロ棋士12人を送り出した。

村山さんのひたむきな生き方は映画「聖の青春」として映像化され、師匠の森さんの役をリリー・フランキーさんが好演した。森さんは「村山君は子どもの頃から病気で体が弱く、将棋に命と魂を込めた棋士でした。将棋に対する真剣さと純粋さを教えられました」と率直に認める。

痛切なのは1995年の阪神大震災で、宝塚市の森さんの自宅近くのアパートに居住していた福岡県出身の奨励会員の船越隆文さん＝当時（17）＝を亡くしたこと。「船越君はコツコツ努力して棋力を伸ばしていました。関わって彼がプロ棋士になったら、師匠として一番やりがいがあると将来を期待していました…」と沈痛な表情で話す。

命日の1月17日には、毎年、一門でそろって追悼してきた。今年は新型コロナの影響で集合を控えたが、「船越君のことを知らない弟子もいます。彼のことを忘れてほしくないし、弟子たちが将棋を目指したころの初心を振り返るために」と語る。

棋士生活41年をおえて、2017年に65歳で現役を引退した。通算は403勝590敗。好みの駒は角。「遠見の角と言われるように、斜めの筋で妙手が出やすいんですよ」。思い出の一局は負け将棋ながら、故大野源一九段との対局を挙げる。故大山康晴十五世名人、故升田幸三実力制第四代名人の兄弟子に当たる。「大工さんがくぎを打つような感じで、ひと世代上の『昭和の棋士』の駒さばき、棋風に触れることができて幸せでした」

才能について尋ねると、「才能というのはあいまいなもので、人間が本当に真剣になったら、才能とは別の力が出るのではないでしょうか。夢を継続できることがプロの条件です」と強調する。

将棋教室や京都の将棋イベントなどで、幼児から中学生まで教えている。「集中力を養うこと。さらに、負けることに正面から向き合うことの大切さを伝えたい。結果を受けとめることが次のスタートになります。今の子どもたちは負けを避けて逃げがちなので、たくましい心にできれば」と望む。

時代に応じてオンラインも取り入れ、指導の分野でもプロの道を探求する。

（2021年1月17日）

息子の命を安全に生かす
対策不十分、保護装置の設置を

エレベーターの
事故防止活動を続ける

市川 正子さん（68）

日本建築設備・昇降機センター主催の会合での講演前。「大輔が中学生の時に小遣いをはたいて誕生日に贈ってくれたネックレスを身に着け、いつも一緒に安全の大切さを訴えています」と話す市川正子さん（津市内）

あの日まで、エレベーターは安全な乗り物だと信じていた。

15年前の2006年6月3日夜、東京都港区の公共賃貸マンション12階で市川正子さんは野球の練習でおなかをすかせて帰ってくる高校2年生の息子を思い、食事の支度で台所に立っていた。換気扇の音に交じり、かすかにパトカーの音がし、救急車の音も重なる。だんだん近づき、マンションの下に止まった。胸騒ぎがするなか、警察官が事故を知らせた。

大輔《ひろすけ》さん＝当時（16）＝がエレベーターから降りようしたところ、戸が開いたまま、急上昇し、乗降口の上枠とかごの床部分に挟まれたのだ。救出活動が始まっていたが、「なかなか助け出せない状況に息子の名前を呼び続けることしか出来ませんでした」と沈痛な面持ちで振り返る。

通っていた高校の野球班の日誌には、大輔さんが書いた文章が残されていた。甲子園の予選に向け「夏までもう時間がなくなってきた。いかに自分に厳しくできるかが一日を生きるのに大切なことだと思う。限られた一日という時間を他人に優しく自分に厳しくできるように、そしてその一日が有意義であるようにすごして行きたい」。将来は中学校の先生になりたいと希望していたが、その夢も絶たれた。

正子さんは夫の和民さんとともに、高校の保護者や大輔さんの友人らに支えられ、事故原因の解明をはじめ、再発防止のためにエレベーターの安全対策などの要請や署名活動を続けてきた。

事故後、国土交通省は建築基準法施行令を改正。2009年9月28日以降に新設のエレベーターについては駆動装置や制御器に故障が生じ、戸が開いたままかごが昇降した場合に、かごを自動的に停止させる「戸開走行保護装置」(二重ブレーキ) の設置を義務付け、一歩前進した。

その後、和民さんは59歳で病気のために他界。悲しみは重なったが、正子さんは「突然、理不尽に奪われた息子の命です。人の命を第一に考える社会にしたい。安全にし続けることに終わりはありません」と話す。

その大きな理由は、2009年9月28日より前に設置された既設エレベーターには戸開走行保護装置の設置が義務付けされておらず、改修が進んでいないからだ。

昨年末に公表された国交省の調査によると、直近の2019年度に定期検査報告が行われた全国のエレベーター約72万台のうち、戸開走行保護装置が設置されていたのは約26%にすぎない。国交省は改修費の補助制度やリーフレットを作るなど、所有者らに設置を呼び掛けているが、7割を超えるエレベーターに、まだ付けられていない。

併せて、正子さんは行政や所有者、管理者、メーカー、保守点検業者のエレベーターに関わる全ての人が技術情報や安全情報を共有するなど徹底した連携と協力や、戸開走行事故時に一刻も早く救助できるように油圧ジャッキを用いた救出訓練も求める。

事故以来、15年近く自宅の12階まで往復528段の階段を上り下りしてきた。どこでもエレベーターを使っていない。「乗ることができないのです。意識してというより、体が動かない」と言う。

これまでに、民事訴訟で和解したマンション所有者の港区が、大輔さんの命日を「港区安全の日」に制定するなど安全対策に取り組み、改善された面はあるが、全国的にはまだまだ不十分である。

エレベーターは、小さな子どもからお年寄りまで、誰もが利用する生活に身近にある乗り物だ。「ひとたび戸開走行事故が起きると、命に関わる重大事故につながります。社会全体に周知されていないもどかしさと焦りがありますが、支援者に感謝しながら、息子の命を利用者の安全に生かしていきたい」と、正子さんは力を込める。

（2021年2月21日）

「許せない」自分を許す　苦悩を生産的エネルギーに

多くの著書がある精神科医

片田　珠美さん（60）

「ストレスは、クラシック音楽を聴くことや散歩などの運動で発散しています。ただ、私の場合、一番取り除けるのは文章を書くことです」と話す片田珠美さん（大阪市内）

心の処方箋を書く。

人生に苦悩する人、迷い道に入り込み立ち尽くす人に暗夜を照らす灯を手渡すように「一筋でも光明になれば」と願って。

著書「他人を攻撃せずにはいられない人」はベストセラーになった。攻撃欲の強い人の精神構造を分析し、職場や家庭で被害に遭っている人たちに身を守るために必要な七つの対処法を具体的に伝えた。

これまでに「嫉妬をとめられない人」「すぐ感情的になる人」「怖い凡人」「子どもを攻撃せずにはいられない親」など、臨床現場での経験を踏まえて多くの本を世に出している。

広島県で生まれ、子どもの頃から本が好きで、将来は作家か新聞記者になりたいと大学は文学部を希望した。しかし、愛情を注いで育ててくれたはずの会社員の父と教師の母が医学部に進んで医者になるように強く勧め、許してもらえなかった。

抗しきれずに大阪大医学部へ。女性が医学部に進むのは今より少なかった時代で、周りから「すごいね」「えらいね」とほめられた。けれども、本当に自分のやりたいことなのかと葛藤した。専門分野に精神科を選んだのは「心の問題を扱いたかったし、親との関係に悩む自分自身の答えが見つかるかなとの思いもありました」と振り返る。

医師の国家試験に合格し、研修を終えて、病院に勤務した。そのとき、自分より知名度の高い総合病院に配属された同期の女医に嫉妬心を抱いた。「それまで自分は嫉妬に苦しめられないと考えていたので驚きました。精神科医も人間なので嫉妬や羨望《せんぼう》の感情と無縁ではいられません」と率直に認める。

5年間ほど臨床医を務めた後、大学院へ。文理融合の京都大の人間・環境学研究科で博士課程を修了し、35歳から2年間、フランス政府給費留学生としてパリ第8大学でラカン派の精神分析を学んだ。帰国後、総合病院に勤務した後、愛知県内の私立大の助教授や京都大の非常勤講師、兵庫県内で私立大の教授として学生の指導に当たった。

学会誌以外に、一般向けの本を初めて出したのは40歳の時。学術論文の概要を紹介する冊子の文章に目を留めた出版編集者から依頼を受け、家族間の事件を起こした青年の心理を分析した本を出版した。「でも、ほとんど売れませんでした」。ショックを受け、冷静に省みた。「私は博士号を取ってフランスに留学し、こんなによく知ってるんだよと自分の知識をひけらかしていました。多くの人が悩んでいること、興味を持っていることを書かないと、読んでもらえないのだと気付きました」と話す。

それ以降、読む側の気持ちや立場を考え、自分が伝えたい内容を読み手が理解しやすいように書くことを心掛けている。

「こつこつ努力していれば必ず見ていてくれる人がいます。人間って追い詰められている時にチャンスが来るんです。『ピンチは、実はチャンス』なんです」と、さまざまな挫折を踏まえて培った信念を話す。

そして「いい意味で怒りはものすごいエネルギーを生みます。怒りの原因になった相手を痛めつけて復讐《ふくしゅう》するよりも、自分自身が幸福になる、あるいは成功することで見返すほうが、より生産的です」と強調する。

「私のように、いとおしい家族でも許せないという方もいるでしょう。でも、必要なのは、『許さなければ』と躍起にならないこと。『許せない自分』を責めず、『許せない』自分を許すことこそ大切です」という。

さらに、もし職場や家庭でパワハラなどに遭っているときは「攻撃されている現実にいち早く気付き、逃げてください」とアドバイスする。

今後を尋ねると「70歳、80歳になっても書き続けたい」と。

臨床の現場を大事にして、人間の心を深く見つめる。

（2021年3月28日）

文化は生きる喜びを与える　上方芸能の歩み、200冊に刻む

一人語り劇場を主宰

木津川 計さん（85）

「住んでいる所をふるさとのように愛着を持って、大切にしたいです。文化の花咲く薫る都市に」と話す木津川計さん（大阪市内）

半世紀にわたり、文化を育む活動を実践してきた。

人間にとって、文化はどんな存在、意味を持つのだろうか。

「文化は人間が創造するものです。心を満たし、生きる喜びを与えるものではないでしょうか」と、穏やかな口調で。

少年期や青年期、ひときわ逆境に見舞われた。「どんな方にも苦闘の涙はあり、私だけが人一倍の苦労を背負ってきたのでは決してありません」と控えめに語る。

1935（昭和10）年に高知で生まれた。5人きょうだいの長男。幼年期は京都に住み、終戦前に疎開した高知で空襲に遭い、かろうじて生き延びた。戦後、結核を患い、高校卒業後、国立療養所で肺の一部を切除する手術を受けて療養した。成人し、旧国鉄の宇高連絡船や列車で大阪に出て、印刷工房を営む父のもとでガリ版印刷の筆耕をして家族の生活を支えた。

一念発起して1年間、筆耕の仕事を弟に代わってもらって、中学の教科書から勉強し直し、大阪市立大の文学部に合格できたが、在学時も卒業後も印刷工房の仕事を続けなければならなかった。

高度経済成長の時代の中で軽視され、衰退する大阪の伝統文化を盛り上げようと、『上方芸能』を創刊したのは1968年、32歳の時。だが、その1カ月後、遊興がやまなかった父が多額の借金を残して、いのちを絶った。長男として印刷工房を継ぎ、連日深夜まで働く日々。心の支えにしたのは、詩人の小野十三郎の言葉だった。「軽く翼を水平に泳がせて　重たい荷物を運ぼう」。その言葉を反すうし、約10年かかって「家2軒分」の借金を返済し終えた。

人生の転機は、その後、東京の出版社からの誘いで、大阪や日本の文化を分析し問題提起と打開策を記した本「文化の街へ」を刊行してから。本を読んだ大学関係者から私立大や国立大の非常勤講師に招かれ、50歳で立命館大教授になった。

雑誌『上方芸能』の歩みをたどると、創刊号はB４判二つ折りの７ページで最終８ページ目は原稿が足りず白紙だった。落語、講談、能、狂言、浪曲、漫才、歌舞伎、文楽、歌劇、新喜劇、舞踊など多彩な特集を組み、各界の著名人も寄稿してくれるようになり、季刊誌に成長。その編集発行で木津川さんは菊池寛賞を受けた。

『上方芸能』は高い評価を得たが、収支は赤字だった。講演料などで穴埋めしてきたが、それも限界となり、5年前、２００号で終刊にし、幕を下ろした。

『上方芸能』の果たした意義や役割を尋ねると、「研究者をはじめ、後世の人々が大阪を考え、論を構築していく貴重な手掛かりになると思います」と、やりきった安堵《あんど》の表情を見せる。

木津川さんは70歳で大学の教員を退いた後、「一人語り劇場」にも取り組んできた。「スクリーンのない映画館」と評されたマルセ太郎さんのような演技はできないが、他界したマルセさんの芸をしのび、舞台に立つ。作品に今日的な解釈を加え、聴かせる語りで観客を引き込む。

「『一人語り劇場』大全集2021」と銘打ち、映画「無法松の一生」や新国劇「王将」、戦犯が主人公のドラマ「私は貝になりたい」などを語る。

「85年生きて、時代をとらえる視座を固められた気がします。作品はその時代を反映しています。二度と戦争をしてはいけないし、人間は何を大事にしていかなければならないのかを伝えたい」

忘れてはいけないこと、語り継がねばならないことを言葉につむいで、次代の人々に託す。

（2021年5月2日）

誰が何と言っても自分であれ　声上げられぬ人の人権守る

再審制度の不備を訴える弁護士

鴨志田 祐美さん（58）

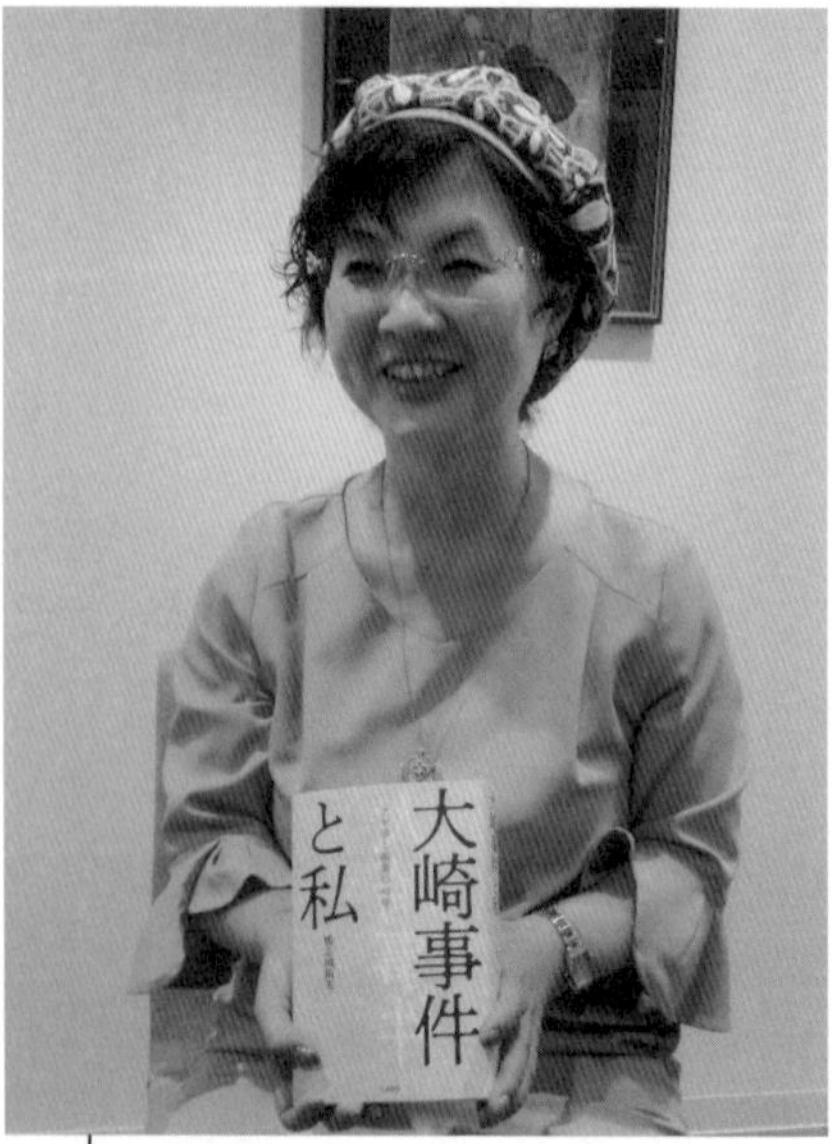

集いで時々、ピアノを弾き、歌う。「共犯とされた原口アヤ子さんや夫の切なさを思って作詞作曲した歌は、長調でワルツにしました」と話す鴨志田祐美さん（京都市内の法律事務所）

声を上げられない人の代わりに、声を上げる。

この思いで市井の人々の相談にのり、弁護活動を続けている。ドメスティックバイオレンス（DV）による離婚、子どもの虐待被害などを引き受け、依頼者が「次の一歩をどう踏み出せるか」を大切にしてきた。

「虐待を受けていた女の子から、お礼の手紙をもらいました。しんどい案件が多いですが、弁護士をやっていてよかったなあと思う瞬間です」と。

紆余《うよ》曲折を糧にして一歩一歩進んできた。鹿児島で生まれ、神奈川で育った。高校生の時に父が他界。音楽の道をあきらめ、早稲田大法学部に進学したが。実家の仕送りはあてにできず、奨学金とアルバイトで生活費を工面した。朝の開店前のスーパーのパン並べ、酒場のピアノ弾き、学習塾の講師…。なんとか卒業して一念発起して3年間、司法試験の勉強をしたが、かなわなかった。

東京で会社員になり、結婚後、自然豊かな地で子育てをしたいと鹿児島で暮らした。公務員試験の予備校の講師を務め、子どもが小学3年生になった時に仕事や家事の後、夜11時から午前2時ごろまで司法試験の勉強を再開した。合格したのは40歳だった。

若い頃は「巨悪に立ち向かいたい」と検事も考えたが、社会人の経験を経て「自分は野にあってこそ」と、迷わず弁護士を志望した。

司法修習生の時に出会ったのが、大崎事件。鹿児島県大崎町で親族を殺害した共犯として懲役10年の刑を受けた原口アヤ子さんが、裁判のやり直しを求めて再審請求中だった。

弁護士になって、大崎事件弁護団に加わり、その後、事務局長を務めている。「アヤ子さんは一貫して無実を訴えてきました。模範囚で、罪を認めれば早く出所できると持ちかけられても、『あたいはやっちょらん』と満期まで受刑しました。逮捕された夫らは、知的ハンディを抱えた『供述弱者』です。自分の身を守る力の弱い人たち。密室の取り調べでアヤ子さんは共犯にされてしまった」と強調する。

裁判記録を子細に検討し、現場を見、アヤ子さん本人に会って「冤罪《えんざい》」と確信した。鴨志田さんの弟も知的障がいがあり、多くの障がい者が、人に強く言われると固まって抵抗できなくなることを間近で見てきたから、という。

アヤ子さんについて、これまでに地裁や高裁で再審開始決定が3回出されたが、検察側が不服申し立てをし、最高裁が2019年、開始決定を取り消したため、4度目の再審請求の裁判が行われている。多くの人々に理解を深めてほしいと、「大崎事件と私～アヤ子と祐美の40年」（LABO）を出版した。

鴨志田さんは、日本弁護士連合会の「再審法改正に関する特別部会」会長も務める。「再審は究極の人権救済システムです。しかし、刑事訴訟法に再審の証拠開示のルールを定めた条文がないため、無罪方向の証拠を捜査機関が保持したまま裁判所に出さずに済むことに加え、裁判所が再審開始決定を出しても検察が不服申し立てを出来る。その二つを法改正で是正することが不可欠です」

裁判を行っている鹿児島と、法改正実現のための国会議員への要請などで、東京との往復を続けており、今年4月からは、その中間にある京都弁護士会に移った。刑事弁護活動が盛んな地で大学の研究者と交流しやすく、隣の滋賀も再審請求事件があるからという。

人生で大切にしている言葉を尋ねると、「誰が何と言っても自分であれ、です」

ずいぶん回り道をしてきたが、「全部この道は通らなければならなかったと思えるぐらい、いろいろな経験が今に生きています」と話す。

共感してくれる法曹の人々や市民とのつながりを大事にして、再審の固い扉に挑む。

（2021年5月30日）

「人に優しい社会にしたい」ひとりでは生きていけないから

明石花火大会歩道橋事故遺族

下村　誠治さん（62）

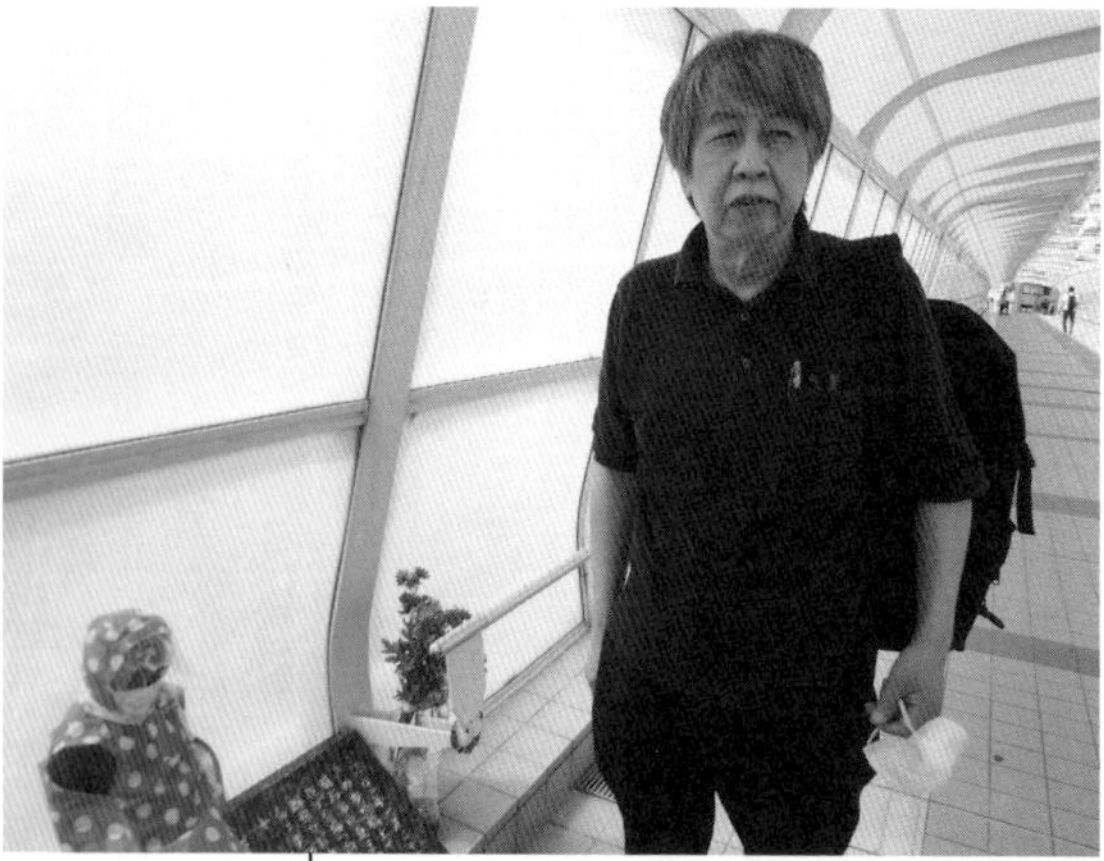

「事故の翌年に生まれた四男が中学生の時、亡くなった兄のためにと、現場でトロンボーンやトランペットでレクイエム曲を吹奏してくれました。うれしかったです」と話す下村誠治さん（兵庫県明石市の歩道橋）

楽しい夏まつりが、一夜にして悲しみに変わった。

2001年7月21日、明石市民夏まつりの花火大会の会場を目指していた。仕事の保険代理店の来客がキャンセルになって時間ができた。家族の希望をかなえようと朝霧駅付近と会場の大蔵海岸公園につながる長さ約100メートルの歩道橋に歩みを進める。周囲にはベビーカーの他の家族連れの姿もあり、笑顔だった。

だが、混雑が激しくなっていく。歩道橋を渡り終える手前で前進も後戻りも出来なくなった。次男で2歳11カ月の智仁ちゃんを防護板と内側の手すりの間に立たせて空間を確保した。けれども、会場へ向かう人たちと花火を見て戻ろうとする人たち双方の圧力が増し、バランスが崩れて人が重なり合って倒れた。

下村さんはすぐに立ち、智仁ちゃんに「ここでじっとしておきよ」と話し、倒れた人を起こし始めた。その時、一段と強い圧力ではね飛ばされた。数人の人を助け起こした時、ぐったりとして横たわっている智仁ちゃんに気づき、抱き上げて路上に降りた。道路渋滞の中、救急車で病院に着くと、負傷者や脱水症状で気分を悪くした人が治療を待っていた。待合室の長いすで心臓マッサージを続ける。しかし、そばに来た医師は「残念です」と言った。

「守ってやれなくてごめんな」。下村さんはうなだれ、わびた。この日、智仁ちゃんは夜店で冷たいジュースとたこやきを買うのを楽しみにしていた。「暑い夏に生まれ、花火のように暑い夏に逝ってしまいました」

群衆なだれによる事故だった。子ども9人と高齢者2人の計11人が亡くなり、247人が負傷。下村さんも肋骨《ろっこつ》が折れ、捻挫していた。

主催者の明石市、警備会社、警察の3者の過失が民事で認定され、刑事では明石署の当時の地域官、警備会社責任者、明石市職員の計5人が業務上過失致死傷罪で有罪になった。事前準備の警備計画の不十分さ、当日の流入制限の遅れ、前年末から年始のカウントダウン花火大会の予兆が軽視されたことなど、要因は多岐にわたる。

事故後、下村さんを支えたものはなんだろう。その10年前に起きた信楽列車事故の遺族という。とりわけ臼井和男さんと吉崎俊三さん（ともに故人）は、折にふれて助言してくれた。遺族が孤立しない大事さ、ぞんざいに対応しがちな行政―など。

まつりに連れて行って子どもを助けられなかったと自責の念にさいなまれる下村さんの心を動かしたのは、「家族を亡くしたのは一緒や」との臼井さんと吉崎さんの力強い言葉だった。「まして歩道橋や。一本のところでどうしようもなかった。うち（信楽事故）も単線の鉄道で一本。一緒や」と悲しみを共有してくれた。

それ以降、下村さんは雑踏や公共交通事故の再発防止をはじめ、被害者支援の重要性を訴え続けている。国土交通省の公共交通事故被害者等支援フォーラムでの講演や、愛知県被害者支援連絡協議会の取り組みなどに協力。今夏も明石市の新規採用職員らに、いのちの重さを伝える。活動の原動力になっているのは、「何かしていないと自分が持たないからです」と率直に胸の内を話す。

今後も大切にしたいことを尋ねると、「人に優しい社会にしたい」と明瞭に。1995年の阪神大震災では住居マンションが被害に遭い、友人も亡くした。NPO法人「阪神淡路大震災1・17希望の灯《あか》り」理事も務める。

「震災で助かった人の多くが隣近所の助力です。おはようございますのあいさつで、私はここにいますよとふだんから伝えられる。自分ひとりで生きていくことなんて、ほんまはできひん。人に優しくしてマイナスになるなんて一つもないですから」

長年住んでいる神戸市内の地域が高齢化しているので、防災や孤立を防ぐ活動にも力を入れたい、と前を向く。

（2021年6月27日）

今しかできぬこと、大切に

禍福は表裏 年齢で舞える曲変化

能楽師
京都先端科学大特任教授

山﨑 芙紗子さん（68）

「学生たちには原典にふれる大切さを伝えています」と話す山﨑芙紗子さん（京都市左京区）

ひのきの能舞台。

老松が描かれた鏡板の手前で般若の面《おもて》をかけたシテ（主役）の鬼女が、修験者姿のワキ（脇役）の山伏と闘う。

謡が客席に響く中、囃子《はやし》方の笛が吹かれ、掛け声とともに小鼓、大鼓がリズミカルに交互に打ち鳴らされ、太鼓の音が加わる。

名曲「安達原《あだちがはら》」である。糸繰り車を回しながら世を嘆く前半の静かな場面と打って変わって、後半は躍動感がみなぎる。鬼女は最終的に山伏の法力で祈り伏せられる。

「工夫のしがいがあり、好きな曲です」

「静と動」を鮮やかに演じ分け、能楽観世流シテ方の山﨑芙紗子さん（重要無形文化財総合認定）はその魅力を話す。

「能はストーリーも味わい深いのですが、言葉が凝縮されています。シテは面をかけているので顔の表情は直接出せません。制限された中でせりふの言葉の高低や速さで感情を表現します。音楽家である囃子方との調和、ハーモニーも心掛けます」

岡山市で生まれ、小学5年生の時に京都市へ。能は3歳の時、仕舞「鶴亀」で初舞台を踏んだ。京都大文学部に進み、博士課程で日本の古典、中でも江戸時代の文学を研究した。

能は室町時代に観阿弥、世阿弥父子が体系化し、江戸時代に式楽となって流行した。古典の文学、音楽、装束など美術の粋を集めた総合芸術といえる。

演者と研究者の両方の道に進むことを決めたのは、「能をしていることが文学の研究に役立つと思いました。謡は江戸時代の日本人の基本的教養ですから」と経緯を語る。

京都先端科学大の授業では、上田秋成の怪奇小説『雨月物語』や曲亭馬琴の冒険譚《たん》『南総里見八犬伝』を主に取り上げ、かみくだいて説明するとともに、学生たちが興味を持った江戸時代の人物を調べることを課題として出している。

生き方で大事にしてきたことを尋ねると、「今しかできないことをすることです」と快活な口調で。能楽師と大学教員を続け、結婚して2男1女を育てた。それが可能だったのは、万葉集が専門で能の舞台解説にも詳しい夫の山﨑福之さん（京都府立大名誉教授）の協力があったから、という。

もう一つ、指針に挙げるのは『南総里見八犬伝』の中に引用されている「禍福はあざなえる縄の如し」。原典は司馬遷の『史記』だ。

「禍（悪いこと）があったときは、福と表裏だと思うようにしています。福のときは決して油断しないように気を引き締めます」

折しも、新型コロナ禍で学生たちはキャンパスに来ることが難しくなり、オンライン授業が多くなっている。「これまでの学生と違って、やりたいことができないことを経験し、学生たちは精神的に強くなっています」と、禍が福に転じている面を指摘する。

能楽師としてのこれからについて。

「世阿弥は、充実しているときは手の込んだ能をしたらいいと言っています。いろいろ小道具を扱うようなとか」と話した後、「ただ、面をかけて舞うのは、年齢的な限界があります。世間の人は歳《とし》をとればとるほど、いい能が出来ると思っている方が多いのですが、舞い手としてのピークは55歳から65歳ほどです。年齢によってできる曲がだんだん変わっていきます」と。

親子三代で社中の「藤々会《とうとう》」を主宰。母の藤井千鶴子さん（重要無形文化財総合認定）は舞い手は退いたが、卒寿の今も現役で謡をうたっている。長男の山﨑浩之さん（40）は他に仕事をしながら能楽師を務める。

舞い手としての進退の時期を見つめつつ、国内外の観客に深遠な能の世界観を届け、後進を育てることに情熱を注ぐ。

（2021年7月11日）

言語聴覚士

板倉 登志子さん（68）

「医は学と仁」の言葉を胸に 心重ね患者の持つ力引き出す

「自分自身は社会の歯車の一つだと思っています。社会がきしんでいたら、回るように動かしたい」と話す板倉登志子さん（和歌山市内）

一人一人、潜在している力を粘り強く引き出していく。

読むこと、書くこと、聞くこと、話すこと。絵や文字のカードや月日が記されたカレンダーなどを用いて、ゆっくり待つ。

言語聴覚士は、小児から高齢者まで幅広い世代を導く。板倉登志子さんは、主に脳梗塞や脳出血などの脳卒中、事故による頭部外傷などで脳にダメージを受けた成人に寄り添ってきた。

大阪府豊中市で生まれ、小学5年生の時、脳神経外科医だった父の赴任先の西ドイツ（当時）へ。日本人がほとんどいない土地で、現地の学校に入った。

「言葉が全然、通じませんでした。自分の気持ちや考えを思いどおりに伝えられないのは、こんなにつらいことかと思いました」

言葉を聞いて理解したり話すことができなくなる失語症や記憶障がい、注意障がいなどの高次脳機能障がいを負った患者は、言葉が分からない外国で迷路に入り込んだような状態に例えられる。この時の苦しい体験が、のちに言語聴覚士になる原点になった。

だが、まっすぐその道に進んだわけではない。1年後に帰国。歴史にも興味があり、将来は教師も考え、関西学院大で日本史を専攻した。24歳の時、縁あって、宇治市で育った脳神経外科医の板倉徹さんと結婚した。

登志子さんは、1977年から2年間留学研究で米国のカリフォルニア工科大へ行く夫とともに渡米。その時、隣に住んでいた女性の車に「私はスピーチセラピストです」と書いてあった。徹さんから「それは言語療法の医療者」と聞き、心が動いた。

専業主婦を経て、大阪教育大で学んだ後、35歳で和歌山市内の病院のリハビリテーション科で言語を担当。99年、46歳の時に日本で最初の言語聴覚士の国家試験が行われ、合格した。その後、日本言語聴覚士協会の常任理事などを務め、今は別の民間病院の言語聴覚士科室長である。

「命をとりとめた患者さんがリハビリをすることで、言語が劇的に改善するのは現実にはかなりむずかしいです。高齢者の場合は加齢も加わりますから。でも、人間に興味を持ち、共感を大事にし、その方らしさとは何かを考え、発想を豊かにして、その方が持っているものを引き出したい」と穏やかな口調で。

今年6月に国立京都国際会館で開かれた日本リハビリテーション医学会学術集会で、「回復期病棟における言語聴覚療法と職種間連携」の題で講演。実践してきた取り組みを踏まえ、いろいろな職種の医療者がコミュニケーションを大切にして連携する重要性を話した。

仕事をしていてつらいのは患者を支えてきた家族、とりわけ伴侶が先立ち、残された患者が憔悴《しょうすい》している姿を目の当たりにする場面という。

登志子さん自身も、和歌山県立医大の付属病院長や学長を務めた夫の徹さんを２０１６年に胃がんで70歳で亡くした。

生き方で胸に刻み、大事にしているのは、徹さんが生前よく話し、学長退任時に大学構内に記念植樹した際、プレートに自書した言葉「医は学と仁」。

「学は、学び続ける。仁はいのちへの慈しみ。人のことをちゃんと考え、優しくあろうとする気持ちだと思います」

言語聴覚士の仕事以外に、サッカーのＪリーグ入りを目指し現在関西リーグ１部の「アルテリーヴォ和歌山」を運営するＮＰＯ法人の理事長も務める。スポーツは水泳以外は苦手だが、徹さんの役職を引き継ぎ、試合の時はできるだけ会場に行き、声援を送っている。

「もっかのライバルは、同じ関西リーグの『おこしやす京都ＡＣ』です。観客席で夫の写真を時々出すと、点が入ります」

ユーモアをまじえ、笑顔を見せた。

（２０２１年８月８日）

土に近づき、多様な生命を知る　現場大事に農と食の意義発信

京都土の塾塾長

八田　逸三さん（83）

小学校に招かれた時は子どもたちに「命はあなた一人のものではない。作物や魚、肉。あなたが食べてきたいっぱいの命が乗っているんやで、たくさんの生命と生きているんやでと話します」という八田逸三さん（京都市西京区）

価値観が大きく転換する時代を生きてきた。

「自然の摂理と生命の循環というものをずっと考えてきました」

1937（昭和12）年に京都市で生まれた。当時の国民学校に入り、45年8月15日に終戦。世の中の規範や道徳が様変わりし、戦後まもない時期には墨を塗った教科書で授業を受けた。日本中が貧しく、食糧難で空腹にあえぐ日々。配給を受けられる食物はわずかで、人々は鴨川の土手や舗装のない道に隙間があれば畑を作り、サツマイモやカボチャなど食べられる物を植えた。

家は農家ではなかったが、父が知り合いから滋賀県内に農地を借りて作物を育て、八田さんも草取りなど作業を手伝い、飢えをしのいだ。

京都府立大農学部に入り、園芸を専攻。恩師の教授の「京都の土は、うまいものを作る。伝統野菜の種や農家の農業技術がいいこともあるが、そもそも土壌がいい。すごく恵まれた土地。土こそ宝」との言葉が心に刻まれている。

卒業後、京都市役所に就職した。農林行政を担当し、「増産安定」を目指した。農林部長の時は都市部に農地をできる限り残そうと、「生産緑地」の指定を推進した。

しかし、日本は農産物の輸入も増え、飽食の時代に変わっていった。「食糧生産は善という意識で子どもの頃から生きてきましたが、残飯として捨てられる生ゴミの量も飛躍的に増えました」

京都市中央卸売市場第一市場長で定年を迎え、「農の本質を確かめたい」と西京区の自宅を離れ、京都府内の知り合いの元に住み込んで2年間、農作業と農村生活を体験した。朝早く起き、田や畑に出てコメ、キュウリ、ナス、サトイモ、サンドマメなどさまざまな栽培に従事。「発芽から収穫まで作物の生命と毎日向き合い、調理して食べるまでの全てを味わいました」。産業としての「農業」を大切にしつつ、市民一人一人が作物を育てる意義を見出《みいだ》した。

その後、2000年に西京区大原野の荒廃田を借りて、有志で「大豆を作って豆腐を食おう会」を始めた。これが「京都土の塾」の始まりである。

翌年からの荒廃田人力開墾プロジェクトで、機械を使わず、鎌やくわなどの農具と手作業で荒れ地を畑にしていった。2004年にNPO法人化。畑の部は無農薬と有機肥料で作物を育てている。茶づくりの部、里山を再生する森づくりの部などもあり、京都や滋賀、大阪など関西一円から老若男女約250人が汗を流す。送り火の大文字の点火に用いられる麦わらも納めてきた。

八田さんは、2007年に絵本「コッコちゃんの物語」を出版している。文章は八田さんが書き、絵は家族が描いた。鶏のコッコちゃんと体の弱い女の子が主人公で、人類が地球を構成する生き物として何を大切にしていかねばならないのかを深く問い掛ける作品だ。

生き方で大事にしている言葉を尋ねると、「着土共生」を挙げた。「土に近づくことで、土の中で真摯《しんし》に生きる多様な生物の生命を身近に知ることができます。わずか半世紀の間に日本人は平気で食べ物を粗末にするようになりました。私たちは食べ物なしには生きられないので、その食べ物を廃棄するということは、私たち自身の生命の価値を下げ続けていることを意味します」と、自然と人間のありように警鐘を鳴らす。

近年までは毎日のように畑に出掛けて土に向かっていたが、80歳を過ぎた今は、月に数日に減ったという。でも「メンバーが旬の作物を届けてくれます。それがうれしい」と表情をなごませる。

京都土の塾の歩みは21年を超えた。「ほそぼそとでもいいので活動を発信し続け、思いを共有してもらえる人が増えてくれれば」と、心の広がりを目指す。

（2021年8月15日）

人は人によって救われる

「ほっとかれへん」から行動

震災の被災者に寄り添ってきた

牧 秀一さん（71）

「なにげない会話で人の気持ちはなごみます。世間話がどれだけ孤独感を少なくさせるか。僕は『手紙』もぬくもりを届けられるので、『人』やと思います」と話す牧秀一さん（神戸市内）

一冊の本がある。

「希望を握りしめて」（能美舎）。阪神淡路大震災の間もなくから被災者を支えてきた「よろず相談室」の四半世紀にわたる営みと被災者の証言記録である。

牧さんは、70歳になる昨年まで中心メンバーとして活動してきた。長年の実践から得たものは「制度は大切だが、制度だけでは人は救えない。人は人によってのみ救うことができる」との確信だ。

大阪市で生まれ、夏目漱石の小説「坊っちゃん」に影響され、東京理科大数学科を卒業し、数学教諭になった。最初に配属されたのが神戸市立高校の定時制（夜間）で、定年退職するまで定時制の教諭を務めた。

その間、昼間の全日制に移るように求められ、子どもが幼稚園の頃に妻から晩ご飯を一緒に食べてと言われ、心が揺れた時期もあった。でも「かつて不登校だったり、教師より年上で学ぶ機会がなかったり、病気を抱えながらも頑張るさまざまな境遇の生徒たちや家庭の状況を知り、定時制から離れられませんでした」と静かに話す。

震災前、手にしたビラを見て、海外で心臓移植を願う男性の費用を捻出する募金活動を決意する。男性は知り合いではない同年代の40代の会社員。牧さんは、ビラを見る1カ月前に末期がんの父を亡くしていた。自身が17歳の頃、体が弱く修学旅行に連れて行けないと高校から言われた。あまり会話がなかった父が高校に怒鳴り込んだ。結局、修学旅行には行けなかったが、父の行動がうれしかった。

募金活動の代表をしたのは「助けたくても助けられずに他界した父と、男性の姿が重なったのでしょう」。男性は米国で移植を受け、帰国後、臓器移植に関する社会的活動を行い、手術から3年後に亡くなった。

1995年1月、自宅で激しい揺れに襲われた。勤務先の校長の許可を得て、避難所になっている近くの小学校でボランティアを申し出た。救援物資を運んでいた京都から来ていたボランティアリーダーの女子大学生から「先生だから被災者の方の話を聞いてください」と促され、震災9日後にカウンセラーやPTAの人と計5人で「よろず相談室」を始めた。

生活に必要な情報や出来事を手書きしたり、切り抜きした「よろず新聞」を発行し、教室で毎日配った。ボランティアと被災者の会話につながった。避難所の閉鎖に伴い、活動はいったん停止したが、被災地で孤独死が相次ぐ報道に心を動かされ、翌年、事務所を設けて再開。メンバーも増え、仮設住宅や復興住宅の高齢者や独り暮らしの人への訪問を継続した。

運営のカンパも寄せられ、相談室に寄せられたクリスマスカードや年賀状、野菜などを約

130世帯に配布。「独り暮らしで高齢の人は世の中が一番華やかな時がとりわけさびしい。だから喜ばれました」。香川県内の高校生が被災者へ手紙を出す橋渡しもした。「被災者だけでなく、返信を受け取った高校生たちも勇気づけられます。手紙は一方的なものではなく、大きな力を持っています」

震災障がい者と家族の集いも開いてきた。「亡くなった人に目がいき、障がいを負って後遺症に苦しむ人のことは忘れられがちです」。行政に震災障がい者の実態把握や支援策を訴えた。

牧さんは東日本大震災（2011年）の被災地を度々訪ねている。よろず相談室を引退した今は、福島の県外避難者を支える「災害とくらしの相談室・iroiro」の支援員の仕事を時々している。教師や相談室の経験を生かし、不登校や進路、親子関係の相談に乗る。

「打ちのめされている人を見たら、素知らぬ顔をして通ることはできません。怒られるかもしれないけれど、本当は遊びたい。周囲の人から『あんたは、ほっとかれへん人間やなあ』と言われます」と表情をなごませた。

（2021年8月29日）

人とのつながりを大事にする　習得の作業、ひと手間惜しまず

永源寺こんにゃくを作る

端　修吾さん（67）

「目の前の仕事をコツコツと。畝を1列こなしたら、次の畝へ。こんにゃく芋の栽培には直射日光が少なく、強い風が吹かず、水はけのよい土地が適しています」と話す端修吾さん（東近江市永源寺相谷町の畑）

永源寺こんにゃくは、名刹《めいさつ》永源寺の開祖が中国からこんにゃく芋の種芋を持ち帰ったことに由来するとされる。

端修吾さんは、こんにゃく芋の栽培とこんにゃく製造・販売を行う「もみじ農園こんにゃく工房」を営む。東近江市の物産品の認証制度「近江匠人《しょうにん》」にも選ばれている。

山あいの地で生まれ、小学校1年から3年までは分校に通った。「1年と2年は複式学級でした。朝早く学校に行って遊ぶのが楽しかった。でも、先生から来るのが早すぎると言われ、家の掃除をしてから登校しました」と懐かしそうに振り返る。

滋賀県立八幡商業高を卒業して、銀行に就職したのは、第1次オイルショックの直前だった。主に営業を担当。預金獲得や融資で企業や商店、個人宅を回った。「用がなくても、こまめに顔を出し、冗談を言って、目指す相手の周りの人に受け入れてもらいやすいように心掛けました」。家はコメの兼業農家で、週末は農作業を手伝った。

こんにゃく芋の栽培を思い立ったのは、39歳の時。「将来、銀行を辞めたら、次は何をしようかといろいろ考えました。永源寺地域はこんにゃくが有名。でも当時、こんにゃく芋を栽培しているところがあまりなかったので」。最初は種芋を買って畑に植え、しばらくして、生産量が日本一の群馬県へ勉強に、と家族旅行を兼ねて車で訪れた。

道路から畑の写真を撮っていた時に、軽トラックで通りかかった群馬県内で有数の生産農家でこんにゃく製造も行っている人と出会い、「うちに来たら」と言ってもらい、詳しい話が聞けた。こんにゃく芋は生で食べるとえぐみがあるため、獣害につよいが、根や葉の病気が出やすい。試行錯誤しながら育て、その後も年に数回群馬に通い、種イモの選別の大事さや病気の防ぎ方などを教わった。

端さんは２０１１年、56歳で銀行を早期退職し、本格的に栽培に取り組んだ。こんにゃく芋ができるまでに3年かかる。まず種芋を春に植えて秋に掘り出して保存。翌年春、その芋をまた植えて秋に掘る。3年目の春に植え直して秋に収穫する。今年は40アールの畑で栽培した。

収穫したこんにゃく芋は乾燥させて、洗って4分の1ほどに切り、箸が通るまで湯がく。熱いうちに芽を取り、皮をむく。きれいな皮は残す。水を加えてミキサーで細かくのり状にし、さらに練り、凝固剤を入れてこね、型に流し込む。1丁ずつ切り分けて再び湯がき、流水で冷まし、袋詰めする。

原料に生芋を用い、ガスや灯油でなく薪を燃やして釜で湯がくのは「できるだけ昔に近いこんにゃくを提供したいから」という。製造を主に担う妻の信子さん（59）は「よく味がしみて、食感もいいと言ってもらえます」とPRする。

製造だけでなく、こんにゃく料理が食べられるところもあれば「より地域の活性化になる」と2017年秋、永源寺地域に料理店を開いた。だが、新型コロナの影響を受けて観光客など来店者が減り、今年4月に休業した。「いつか時期を見て再開したい」と望む。

端さんは東日本大震災の年に、東近江市で仮設住宅用の建築部材を作った会社社長から端材をもらえることになった時、未使用の木の端材を燃料にするのはもったいないと、切って椅子にすることを思いついた。「ひと手間かけることで少しでも被災地に役立てれば」と、協力者も得て、椅子の完成品と組み立て用の計930脚を手作りし、収益を義援金として南三陸町（宮城県）に寄付した。

生き方で大切にしていることを尋ねると、「人とのつながりを大事にすること」と快活に答える。銀行員の時に企業や商店などを訪ね歩いた経験や群馬県の生産農家との交流、早期退職後の本格的なこんにゃくづくりの苦楽を踏まえ、人との出会いと交わりの大切さをかみしめる。

（2021年9月12日）

丁寧に日々を暮らし、生きる　最期に愛されて旅立てる社会に

看取り士

柴田　久美子さん（69）

「困難に直面した時は海を眺めます。悩みが小さな事のように思えてきます。海のそばで育ったので」と話す柴田久美子さん（岡山市内）

「幸齢者《こうれい》」。高齢者のことを柴田久美子さんは、こう呼ぶ。

介護の仕事を30代後半で始めた時、まだ車いすもうまく押せない初心者の自分に「ありがとう」と言ってもらえ、喜びや幸せを感じたのがきっかけだった。その思いは変わらない。

島根県出雲市生まれ。家はブドウ栽培農家で、小学6年の時に父が他界した。「労働力として雪が降る日はビニールハウスが倒れないように夜中に雪を除き、作業をした日は学校で寝ていました」とにこやかに振り返る。

将来は海外へ、と客室乗務員の夢を抱いたが「身長制限であきらめました」。県立高校を卒業後、大阪の専門学校の秘書科を修了し、ファストフード会社に就職。秘書を経て店長になった。結婚して3人の子どもに恵まれた。選ばれて米国へ研修出張に行く希望もかない、店は売り上げや品質などの社内評価で全国1位になった。しかし「家政婦さんも雇い、家庭を犠牲にして働き過ぎました」。30代半ばに自ら命を絶とうとした。発見が早く助かったが、離婚に至る。

その後、東京や福岡でスパゲティレストラン店を営んだ後、介護の世界に入った。特別養護老人ホームなどに勤めた後、島根県の離島に移住したのは45歳の時。ホームヘルパーをした後、木造家屋を改修し、余命が少ない高齢者と終末期を家庭的な雰囲気で共に過ごす家を設けた。

島の暮らしは時間の流れがゆるやかだった。「約13年間住みました。本土と島を結ぶ船便は限られ、水一滴の大切さも島の女性から教わりました」。かつて仕事をしていたファストフードの効率と対極の生活を経験し、自分はいかに人生を急ぎ過ぎて大事なものを落としてきたのだろうかと省みたという。

痛感したのは「日々を丁寧に暮らすことが人生を丁寧に生きること。そして人生の最期も丁寧でありたいと思いました」

心に深く残る原風景は、小学4年生の時、小児ぜんそくで命の危険のさなかに母が一晩中抱いてくれたぬくもり。胃がんで余命宣告を受けた父が自宅で家族や親戚が見守るなか感謝し、「ありがとう、くんちゃん(久美子)」と言って、静かに逝った光景だった。

柴田さんは自身の経験や団塊の世代をはじめ高齢化の進展で「多死社会」が迫る状況を踏まえ、在宅での最期を希望する高齢者を支える新たな職種をつくる必要性を感じ、2012年に日本看取《みと》り士会を設立した。

看取り士は、同会の養成講座を受講して得る民間の資格だ。かかりつけ医や訪問看護師、介護関係者と連携する。医療行為や介護、納棺を行うのでなく、事前に家族の相談にのり、旅立つ人と呼吸を合わせたり、ひざ枕で抱くなど体に触れる看取りの作法を説明する。「命のバトン」をつなげられるように臨終前後に立ち会い、心の面で家族を支えるのが役割だ。

養成講座は一般社団法人日本看取り士会が担い、看取り士の派遣は株式会社日本看取り士会が行う。柴田さんは代表理事と代表取締役の両方を務めている。

受講して看取り士になった人は現在、1500人を超える。うち半分は看護師で、3割は介護に携わる人、あとは親や近しい人のために、という。会の活動拠点は岡山。全国に23カ所の出先があり、カナダでも養成講座を行った。

柴田さんは介護支援専門員（ケアマネジャー）の資格を持つ。大学や看護専門学校で終末期概論の非常勤講師も務めた。著書が原案となった映画「みとりし」（榎木孝明さん主演、白羽弥仁監督）は劇場公開後、各地で自主上映され、共感を呼んでいる。また看取り休暇の導入を企業や団体などに呼び掛けている。

「私の夢は、すべての人が最期に愛されていると感じて旅立てる社会づくりです」。人生の紆《う》余《よ》曲折を経て見いだした願いである。

（2021年10月17日）

過去との関係性　変えられる
〝男性のよろい〟脱ぎ、しなやかに

シニア産業カウンセラー

吉岡　俊介さん（67）

「挫折が挫折でなくなることも。焦らない、くさらない、こだわらない、そうすれば、必ず実りの時は来ますよ、と伝えています」と話す吉岡俊介さん（大阪市内）

カウンセラーになって気付いたことがある。

「過去の事実は変わらないけれど、過去の意味合いや過去との関係性は変えることができる」

東京で生まれ、子どもの頃は絵や設計図が好きで建築や造船に興味があった。理系の大学を志望していたが、高校2年生の時に父が58歳で他界した。現役で合格を、と文系に進路変更して慶応大法学部に入り、奨学金を受け、アルバイトをしながら学んだ。

大手の損害保険会社に就職でき、社内で最年少の海外駐在員に29歳で抜てきされた。インドネシアに赴任し、妻は日本に戻り、出産。吉岡さんも一時帰国したが、生まれた次女はまもなく亡くなり、妻も心身の調子を崩した。会社から赴任地に戻るか、と聞かれた際にエリートコースから外れ、家族のそばにいることを選んだ。

新たに配属されたのは、国内の損害査定などを行う事故担当だった。慣れない仕事だったが、必死で打ち込んだ。課長になり、社長表彰も受けるなど実績を上げ、一時は約60人の部下を持った。だが、自分を評価してくれた役員や上司が社を去り、後輩が次々と追い越して昇進していく。職場で理不尽としか思えない出来事も加わり、46歳の時、たたきつけるように退職届を出して会社を辞めた。

その日、帰宅して早期退職を家族に告げると、大学受験で浪人中の長女から「自分勝手に会社を辞めた」と責められた。家計を心配してのことだった。吉岡さんは長い間我慢してきた苦しさをこらえきれなくなり、涙がとめどなくあふれ出た。その姿を見て、長女は「もういいよ。お父さん、ずっと家に居てよ」と言って、受け入れてくれた。

後先考えずに辞めたので、うつ状態になり、質素倹約で菓子パンしか食べなかった日も。家のベランダから空を見上げて過ごした。約3カ月たって、男性であるがゆえに悩む男性たちの集まり「メンズリブ研究会」に参加する。「よろいを脱いで本音を語れる場で、自分が癒やされるきっかけになりました」。

さらに日用雑貨店でアルバイトを始めた妻が「あなたは絵が好きだから描いたらいい」と勧めてくれ、自治体主催の「男女共同参画社会実現のための絵本コンテスト」に応募して入賞。サラリーマンを辞めてイラストを描き始めた人がいると話題になり、講演に呼ばれた。その後、大阪市の男性の悩み相談窓口の相談員となり、本格的に産業カウンセラーの養成講座に通って、51歳で資格を得た。

「当時、無計画で辞めたので、収入が激減して、きつかった。『男は泣いてはいけない、努力だ』というのがサラリーマン時代の私の信念、価値観でした。私の場合、あのまま仕事を続けていたら、間違いなく燃え尽きて病気になっていました。娘の前で涙を流し、救いというか、家族との関係を取り戻すきっかけになりました」と振り返る。

吉岡さんが、妻と共に構想を練って出版社のコンクールに応募して刊行された絵本「なみだ」は、会社人間になってしまった男性が再生する物語だ。

吉岡さんは、自治体の相談員を長年務めているのをはじめ、2007年に大阪市内に「オフィスよしおか」を開設した。さまざまな悩みを持つ人のカウンセリングを行い、近年はドメスティックバイオレンス（DV）加害者の男性や、LGBTQ（性的少数者）の人の相談にも乗っている。

会社でいろいろな苦しい経験があったからこそ今の自分があり、仕事で苦労している人の話を受けとめることが出来る。それゆえ、「会社との付き合い方を考えましょう」と助言することが多い。

「強い心を持つよりも、しなやかに生きることが大切です。しなやかになれると穏やかになります。ただ、あまり穏やかになると自己主張が出来なくて我慢を強いられるので、したたかに自己主張することも必要です」と、悩んでいる人たちにエールを送る。

（2021年11月14日）

話す は「放す」、聞くは「効く」 子ら支え キャンプ体験を自信に

精神科医
京都教育大名誉教授

友久 久雄さん（79）

「一人っ子で育ったので、子どもはたくさんほしいと思いました。子どもは５人、孫は16人です」と笑顔を見せる友久久雄さん（京都市内）

いのちを、深く見つめてきた。関わりのある他者も、自分自身も。

兵庫県姫路市生まれ。心臓が悪く、幼い頃は長く生きられないと言われた。小学校教師だった父が戦後の食糧難で実家の農業を継ぐために帰郷。助産師や看護師をしていた母が仕事を続けたいと希望したため離別することになり、母一人子一人の家庭で育った。

小学校高学年になり、通っていた寺の日曜学校のメンバーで児童養護施設を訪問し、戦災で親を亡くした子どもたちとビー玉や缶蹴りをして遊んだ。仏教青年会に入っていた高校3年生の時、海を見たいと言う山間地の施設の子どもたちの願いを実現するため、仲間と一緒に街頭募金活動をして集めたお金でバス1台を借り、兵庫県高砂市の海に一緒に行った。

「子どもと遊ぶのが好きでした」

神戸医科大（現・神戸大医学部）に進み、専門は小児科と精神科のどちらにするか迷ったが、児童精神科を選んだ。重症心身障がい児施設に勤めた後、32歳の時、京都教育大の助教授になった。

その当時、1979年度からの「養護学校教育義務制」を控え、養護学校（現・特別支援学校）などの教員を養成するため、障がい児医学を担う医師が教育現場に求められていた。

京都教育大で学生や院生の指導を行うとともに、京都大付属病院で自閉症など発達障がいや、不登校などの子どもたちの診察に当たった。龍谷大でも名誉教授を務め、今も週に一度、精神医学を教えている。

友久さんは、子どもをはじめ親へのカウンセリングの大切さについて、たとえを交えて説明する。

「話すは『放す』、聞くは『効く』と言えます。相談する人は話すことで自分の心を解放し、悩みや苦しみを放すことが可能になります。そして、相談者にじっと耳を傾けて聞くことは、効くことに通じます」と。

なかでもライフワークにしているのは不登校の小中高生を対象にした長期キャンプ。最長8泊9日間で、自然の中で木立ちにシートを張ってテントを設営し、竹を切って器にし、集めた枝を燃やして炊飯。ドラム缶の風呂を作ったり、川魚を追いかけたりして自主性を培う。小中高生を支えるボランティアの大学生たちには「待つことが大事。子どもたちに体験をさせて」と促してきた。

長期キャンプは近年は新型コロナの影響で実施できていないが、「始めて20年以上になります。子どもたちはキャンプをやり抜いたからといってすぐ学校になじめるとは限りませんが、仲間と協力した経験が笑顔や自信を取り戻すきっかけにつながっていきます」と話す。小中高生時代にキャンプに参加して成人した人とボランティアを務めた人との同窓会も開いてきた。

友久さんは医師であり、僧侶でもある。なぜ、僧侶になったのだろうか。

「不惑といわれる40歳になっても惑いがあり、悪夢を見たり、眠れなくなったりしました。心臓が悪いので、どっかで自分は弱い、いつ死ぬか分からないという思いがあったのでしょう。人生の転換期でした」と振り返る。母が熱心な仏教信者だった影響で寺に親近感があり、通信教育を受けて得度した。

「誰もが死は避けられません。僧侶になったことで、死を考えながら、いままさに生きている意味を一層考えるようになりました」

友久さんは若い頃は困難に対して、自分で何とかしようと思ってきたという。でも今は「与えられた人生と考えるようになりました」と淡々と話す。

大切にしている言葉を尋ねた。「あるがままに生きていく、です」。年が明けると、80歳になる。現在は京都市内の介護老人保健施設桃山の施設長兼医師が本業。これからもできる限り仕事をしていきたい、と自然体で生に臨む。

（2021年12月12日）

可能性信じ、今を生きる　日本人である前に、地球人

俳優

榎木　孝明さん（66）

「自然の美しさに勝るものはないと思います」と話す榎木孝明さん。水彩画の画集も出版している（京都市中京区・京都新聞社）＝撮影・奥村清人

俳優は、役に生き方が表れるといわれる。求道者のたたずまい。物事に正面から向き合ってきた。

鹿児島県生まれ。東京芸術大を目指したがかなわず、浪人して武蔵野美術大に入学した。両親が教員だったこともあり、将来は郷里で美術の教員になるか、工芸デザインの仕事をと考えたが、在学中に劇団四季の研究生に合格。学業とアルバイトに加え、役者修業は難しく、3年生で大学を中退した。「せっかく大学に入れたのに、と母親に泣かれました」と、にこやかな表情で振り返る。

劇団で舞台を数々踏み、退団。インドを旅して帰国し、NHKのオーディションを受けて連続テレビ小説「ロマンス」の主役でテレビデビューした。30代で映画「天と地と」の上杉謙信役、「天河伝説殺人事件」の浅見光彦役を演じた。

その活躍の一方で、自身の内面は「テレビや映画に出ているからといって、一生ずっと役者業でやっていけるだろうかと悩んでいました」と率直に打ち明ける。

役者を続けつつ、インドやチベット、ネパールなどアジアの各地を度々訪ね、多い時は1年のうち4カ月間、一人旅をした。「自分を見つめ直す時間がいっぱいあったことは、ゆくゆくは役者にとっても良かったのでしょう。40歳で結婚。演技への強い自意識を捨てることができるようになり、気持ちが楽になりました。今は役者業が天職だと思っています」

近年は映画「みとりし」でサラリーマンから看取《みと》り士になる男性を好演し、ロサンゼルス日本映画祭の最優秀主演男優賞を受賞。西洋劇や朗読など多彩な活動をするなか、ひときわ力を入れているのが時代劇の再生だ。

「放映される時代劇の数がどんどん少なくなり、日本の伝統文化の継承が危ぶまれています。役者の所作事もですが、結髪さんや衣装さんなど、継承者が育たない時代になっています。黒澤明監督の頃は人材も豊富でした。残念ながら太刀打ちできません」。少しでも打開をと、自ら映画の企画や自治体に時代劇に着目したまちおこしも提言する。

俳優の魅力について「役をいただいて、たとえば時代劇だと歴史をひもといて勉強をしますし、いろいろな人生を体感できるのが自分の喜びになっています」と話す。

これからの展望について尋ねた。「企画立案した現代劇が近く本や電子漫画になる予定です。映像化も目指しています。本格的な時代劇も作りたいです。台詞《せりふ》が覚えられる限り、役者を続けます」と明瞭に。

生き方で大切にしているのは「無限の可能性」と「今を生きる」こと。「過去でも未来でもなく、今がどうであるか、今をどう生きるか」だという。

榎木さんは日本の伝統文化に危機感を抱いて行動するとともに、「地球人の意識」を持つ大事さを強調する。

「世界を旅していると、自分の存在の小ささに気づかされます。チベットの奥地など辺境の地に暮らす人々と出会い、片言の現地語を交わし、食を共にし、日本人である前に地球人という意識を持とうと思いました。それを持つと、相手の反応が全然違ってきます」と体験を話す。

そのうえで「環境破壊をはじめ、やまない戦争。同じ星に住んでいて、互いに傷つけ合っていること自体が変だと、なぜ思わないのでしょうか。意識が変われば現実は変わると、私は確信しています」と言う。

新型コロナ禍の今を「時代の大きな変わり目」ととらえる。

「海外との交流が出来にくくなり、外にいろいろ求める時代から、自分の中をきちんと探す時代に変わって来つつあります。目覚めの時代と言っていいかもしれません。自分の中にたぶん答えがあります」

アジアを彷徨《ほうこう》して培った視座から、物質文明から精神文明へ移行する時代を見通す。

（2022年1月16日）

語り継ぎ、未来の命救いたい

企業防災訴え「備えに良心必要」

「健太いのちの教室」代表理事

田村 孝行さん（61）

「命を第一に考える企業、組織、社会に変えていくために活動を続けます」と話す田村孝行さん（宮城県大崎市内の自宅）＝妻の弘美さん撮影

東日本大震災の日、宮城県女川町にある地元銀行の女川支店では、屋上に避難した行員とスタッフ計13人が約20メートルの高さの津波に襲われた。1人は奇跡的に助かったが、4人が亡くなり、支店長ら8人は行方不明になっている。

田村孝行さん（61）は妻の弘美さん（59）と来る日も来る日も、連絡が取れなくなった行員の長男健太さん＝当時（25）＝を捜し続けた。

「季節が変わるのも気付かないほどでした」。半年後の2011年9月、健太さんは約3キロ沖の海で見つかった。上着と靴はなかったが、初任給で作った愛用のスーツのズボン、ネクタイやネクタイピンも発見された。

「海の中でも仕事をして、必死に私たちのところへ戻らなければとの思いで帰って来てくれたと感じました」

銀行から納得できる答えが得られず、真実を知りたいと断腸の思いで他の遺族と民事訴訟に踏み切った。

「支店はリアス（式）海岸の湾奥の埋め立て地にあり、海からわずかに約100メートル。なぜ、町の指定避難場所である目の前の堀切山ではなく、支店の屋上に避難したのか。女川町内の他の金融機関は堀切山など高台に逃れ、職場の犠牲者はなかったのに…」

しかし、仙台地裁、仙台高裁、最高裁とも敗訴した。判決の主な内容によると、震災の2年前に銀行は避難場所として支店の屋上を追加。「宮城県地震被害想定調査に関する報告書」で女川町の津波の予想最高水位は5・9メートルとされていたことなどから、支店の屋上（2階屋上約10メートル、一部塔屋屋上約13・35メートル）を超えるほどの高さの津波襲来の予見は可能でなく、安全配慮義務違反を認めることはできない―との判断だった。

ただ、高裁は法的義務の観点から遺族の訴えは退けたが、「津波への対応として、堀切山へ避難を指示していれば、被災した行員らの命が救われていた可能性は大きかったといえるから、避難場所として本件屋上が指示され行員らが被災するに至ったことについては極めて残念な結果といわざるを得ない」と述べた。

田村さんは「堀切山へ避難すれば命が救われていた可能性があったと判決で言ってもらい、訴訟をした大きな意味がありました」と言う。そして「民事にも、刑事の重大事件のように一般市民から選ばれる裁判員制度が導入されれば、遺族の声が司法にもっと届きやすくなるのでは」と提案する。

震災後に取り壊された支店跡には花を植え、花壇を作った。「鎮魂と海からまだ還《かえ》らない方々が戻れる目印に」との願いを込めて。雪の日も暑い夏も約50キロ離れた自宅から通えるときは花壇のそばに立ち、被災地を訪れる一人一人に話しかけた。

「語らずにはいられませんでした。企業の管理下にある従業員は自由に行動できません。次々と逃げることが出来る高台に逃げなきゃ命は守れないんです」

その後、支店跡がかさ上げ工事の対象になり、花壇を近くに移してモニュメントを建立。起きた事を伝えるには、正確な防災知識も必要と防災士の資格を取得。2015年からは阪神大震災や航空機、列車事故の現場などを慰霊行脚してきた。

「東日本大震災のひと月前に発生したニュージーランド地震で専門学校生が巻き込まれ、日本から親御さんが向かう姿をテレビで見て、妻とかわいそうだねと言っていました。阪神大震災時に支援に行くこともなく反省しています」と胸中を吐露する。

その思いから、「未来の命を救いたい」と子どもたちや健太さんの母校の専修大など大学生、さらに団体や事業所などに出掛け、講話をしている。一般社団法人「健太いのちの教室」も設立。オンラインの「まなびの広場」も開いている。

「負の出来事を少しでもプラスに変えられるように、銀行とも一緒に歩んでいきたい。従業員の命を守るには、企業に良心が必要。良心があれば、備えはおのずとできるはずです」

田村さんは、こう問い掛ける。

（2022年2月13日）

確かな情報はいのちを守る

言論の自由、欠かせない

日本新聞博物館館長

尾高 泉さん（57）

「新聞には人を励ます力もあると思います。共感性や多様性の視点を大事にしてほしい」と話す尾高泉さん（横浜市中区・日本新聞博物館スタッフ撮影）

未知のものとの出会いを大切にしてきた。

福岡で生まれ、幼い時から静岡で育った。高校生の頃は新聞の中で真っ先にコラムを読み、知らない言葉や文章の言い回しにわくわくした。

「自分の周りにあるたくさんの知らない世界を知りたい」と上京。慶応大法学部で憲法のゼミに入り、「適正な法の手続き」を学んだ。そのことが今もプロセス（過程）を重視する姿につながっている。

「民主主義で大事なのは、多事争論のプロセスだと思います」。社会の多事争論を毎日見せるメディアの新聞の公共性に関心を持ち、一般社団法人日本新聞協会に就職。国際部に配属された。

1991年のＩＰＩ（国際新聞編集者協会）京都総会には、ゲストスピーカーとしてアフリカ民族会議のネルソン・マンデラ副議長（のちの南アフリカ大統領）、ベトナム戦争時の元米国防長官ロバート・マクナマラ氏らも参加。総会運営の裏方を務めた。

「男女雇用機会均等法施行の翌年に入職し、仕事を続ける理由を毎日自分の中で確かめながら、周囲に助けられてなんとか子どもたちを育てながらきょうまで来ました」。仕事と家庭、子育てに苦闘した歳月を振り返る。

月刊誌「新聞研究」編集部では、日常の「生活」に視点を置く大切さにいち早く着目した。

技術やデジタル、NIE（教育に新聞を）などの部門も担当。2017年秋から日本新聞博物館（ニュースパーク・横浜市中区）の館長をしている。

新聞の存在を、民主主義を支える公共財の一つととらえる。併せて、戦時下の新聞の過ちに目を向ける。

「言論統制を受けた新聞が次第に戦時体制に組み込まれていき、国民の戦意をあおってしまった歴史がありますから」。新聞への批判的な視点も失わない。

歴史展示を拡充して、自由な社会であり続けるには▽正確で信頼できる情報の提供▽言論の自由の保障▽新聞・メディアの責任ある報道―がそろうことが欠かせないと示した。

戦争をはじめ、震災や集中豪雨など多発する自然災害、そしてコロナ禍を踏まえ、「確かな情報は、いのちを守る」と次世代に説く。

コロナ禍の中、2020年に緊急企画展「新型コロナと情報とわたしたち」を開催。真偽ないまぜの情報が瞬時に大量に拡散されるSNS（会員制交流サイト）の時代に歴史をさかのぼってスペイン風邪など当時の紙面も紹介し、確かな情報とは何か、を考えた。

ライフワークは「教育とメディア」の分野。「未知の課題が山積して簡単に答えが出ず、誰もがスマホを手に情報を発信できる世の中です。次世代の小中高校生、大学生には自分で情報を確かめ、理解して、考えて、異なる意見に触れて協働できる仲間を見つけてほしい」と望む。

入館者の半数を占める小中高生の対応、学校図書館や社会教育講座との連携、専修大非常勤講師も務めた。さまざまな世代の人々が学び合い、対話できる場にしたいとオンラインも活用し、試行錯誤しながらシンポジウムや講演も行っている。

生き方で大切にしている言葉を尋ねた。日本の女性ジャーナリストの草分けで自由学園を創立した羽仁もと子の「よいことは必ず出来る」を挙げる。よいことをするのはいつも最初は損なことで、一人一人の犠牲と忍耐と知恵と力による志が、多くの人の共鳴の力、社会の信条になると。人生の折々に壁にぶつかり、自身を励まして来たという。

コロナ禍で一昨年の緊急事態宣言の際は日本新聞博物館も休館せざるを得なかった。各地の博物館が「不要不急」の場所の一つとみなされた。だが、博物館は人と歴史資料、人と人の記憶、過去と未来をつなぎ、「思考する場」でもあり、他に置きかえられない役割があると信じる。

今年4月下旬からは「沖縄本土復帰50年」「近代日本のメディアにみる怪異」の各企画展を始める。「自分の知らない分野の広さと深さを想像できる人にひとりでもなってもらえれば」。この願いを胸に、博物館スタッフと日々、創意工夫を重ねている。

（2022年3月13日）

四季を大切にし、旬のものを「農家は文化の継承者」心に刻む

都市部で有機農業を営む

佐伯 昌和さん（67）

「季節に鈍感になることは、ひいては環境をおろそかにし、文化力の低下につながるのではないでしょうか」と話す佐伯昌和さん。月に3回「旬刊はたけ情報」を手書きして掲示している（京都市上京区の自宅）

春夏秋冬、季節感を大事にして、土と生きる。

「食物から四季の移ろいを感じ取るのはむつかしい時代になりました。でも、旬の食物はたくさんとれ、栄養価も高いし、体にもいいです」と露地栽培にこだわる。

伏見とうがらしやキュウリ、トマト、サトイモ、九条ねぎ、金時にんじん、大根などの野菜を京都市と亀岡市内の畑で育て、上京区の自宅で軒先販売や地方発送、商店などにも卸している。子どもの頃、自転車に乗るのが好きで出掛け、よくザリガニ釣りをして遊んだ。島根大農学部を卒業し、市街地にある農地を残したい、できれば有機農業を、と郷里に帰った。農家の5代目。

ただ、就農当初は、すぐには有機農業に切り替える自信が持てず、従来の農薬や化学肥料を用いる方法で野菜を育てた。友人の学者から「急激な変化をすると必ずリアクションが来るから、ゆっくりのほうがいいのでは」との助言をかみしめ、5年後に除草剤をやめて徐々に低農薬にし、肥料も堆肥や油かすに移行した。1999年から無農薬の有機栽培を実践している。2008年には京のふるさと産品協会から、生産部門の「京野菜マイスター」の1人に認定された。

都市部で農業を続ける意義について「都市住民に一番近いですから、その供給源。どこまで実証できるか分かりませんが、ヒートアイランドの緩和にもつながっていると思います。農家はずっとその地に住んでいるので、地域の伝統文化や芸術、催事の担い手で、継承者としての役割も」と話す。

「天神さん」で親しまれる北野天満宮の五穀豊穣《ほうじょう》に感謝する「ずいき祭」の神輿《みこし》を作る西之京瑞饋《ずいき》神輿保存会の会長をへて、今は顧問。ずいき神輿はサトイモの茎《ずいき》で屋根をふき、野菜や乾物で飾り付ける。

「頭《かしら》イモを用いて彫る獅子は、仏像などの彫刻をする住民が行います。農家と職人が一緒になって作り上げる神輿です。木の土台はありますが、毎年、いわばゼロから始まる作業。仕上げまでの過程は大変ですが、喜びです」

活動が認められ、2016年に「京都府伝統行催事功労者」に選ばれた。

農業者である佐伯さんがひときわ心を痛めているのは、福島原発事故でふるさとから避難しなければならなかった人々のこと。「先祖代々耕作してきた田畑だけでなく、地域の祭りや伝統文化、芸能も原発事故で奪われてしまいました」

福島原発事故の前の米国スリーマイルアイランド原発事故（1979年）、旧ソ連チェルノブイリ原発事故（86年）が起きる以前から原発の危険性を訴え、警鐘を鳴らしてきた。

「10代後半の時に市街地にある農地がつぶされそうになる動きがあり、原発の立地で農地や漁場が失われる状況と私には重なって見えました。原発は、事故はもちろん、低線量被ばくの問題もあります。核と人類は共存できず、安全を考えるなら、原発はなくさなければいけません。今年のロシアのウクライナ侵攻で原発が標的になり得ることもはっきり分かりました」と表情を曇らせる。

さらに現代の大量生産、大量消費社会を一層見直す必要性を強調する。「海のプラスチックごみも含めて、これまでの文明の弊害が目に見える形で出ています。石油の使い方をあらためて考え直すとともに、技術の進歩や私たち一人一人の努力で、どれだけ省エネを進めることができるかどうかが問われています」

しんどさを乗り越えた先の楽しみを見つめる。なりわいとしてきた農業に通じる。生き方として大事にしているのは「立場が違っても、相手を理解するためにできるだけしゃべるように心がけています」と穏やかな口調で。

都市農業の発展を目指し、6代目になる次男と一緒に親子で暑い日も寒い日も畑に出て、作物を生産する。

（2022年4月10日）

幼児も100歳も共有できる詩を　彼女の心　知れば人間は変わる

童謡詩人
金子みすゞ記念館館長

矢崎　節夫さん（75）

「子どもたちが世界に出て行った時に、みすゞさんの詩を互いに知っていて仲良くなれたら。それが僕の望みです」と話す矢崎節夫さん（山口県長門市仙崎、金子みすゞ記念館）

詩とのめぐり会いは小学4年生の時だった。担任になった大学を出たばかりの若い先生が著名な詩を原稿用紙に写して黒板に貼り、休み時間に覚えて、朗誦《ろうしょう》すると喜んでくれた。家に帰り、普段から童謡を口ずさむ母に「詩の本がほしい」と頼むと、こう言って賛同してくれた。

「詩人というのは、自分の喜びや悲しみにたたずむだけではなく、人の喜びや悲しみにもたたずめる職業です」

一緒に東京の古書店街に出掛け、伝記や童話などの古い本を買って家の物干し場で干した。太陽の光が木や草を育てたり、人間を元気にするだけでなく、本も日光消毒できれいになって元気になることを知った。

1966年に早稲田大文学部に入学。1年の時に金子みすゞの童謡詩「大漁」を読んで衝撃を受ける。それまでイワシは食べて当たり前としか思ってなかったが、「みすゞさんのまなざしは食べられるイワシに置かれていました。いのちは、いのちによって生かされている」と。わずか10行で、価値観が完璧にひっくり返された。「あらゆる世代が共有できる文学宇宙」と感じた。

童謡詩「月の中」や「いぬのおまわりさん」の佐藤義美さんに会う機会があり、弟子になりたいと申し出た。佐藤さんは末期がんで4カ月後に亡くなったが、ものを見るときに位置を変える大切さや、砂浜ではだしになって走りたくなくなったら童謡を書いては駄目、と教わった。「もうきみの作品は見てあげられないけど、人間関係は残すから」と、「ぞうさん」の作者、まど・みちおさんに導いてくれた。2人が師である。

70年に童謡詩人壇上春清さんが、大正末期の雑誌に金子みすゞが投稿したものなど30編を収集して「繭《まゆ》と墓」を刊行。その本を矢崎さんは「宝物」にし、もっと作品があるはず、読みたいと願った。その思いが通じ、82年に実弟上山雅輔さんが大切に持っていた512編のみすゞ手書きの遺稿手帳にたどり着く。大半が未発表作品だった。

以後、矢崎さんは童謡集「金子みすゞ全集」の発行に道筋をつけ、山口県長門市仙崎や下関市のゆかりの人を訪ね歩き、評伝「童謡詩人金子みすゞの生涯」を世に出した。小学校をはじめ、各地の講演は多い年は100回にのぼった。2003年から仙崎に開設された金子みすゞ記念館の館長を務めている。

自作は、81年に童話集「ほしとそらのしたで」(赤い鳥文学賞)、童謡集「ぼくがいないとき」などを出版。童話は時々、書いたが、童謡づくりは2013年に第2童謡集「うずまきぎんが」を出すまで、約30年間の空白がある。

その間、童謡を書かなかったのは「みすゞさんの言葉のちから。僕が自分の童謡をつくるより、みすゞさんのことを知ってもらうことのほうが価値があると思いました。こんなすごい作品があることを知ったら、時代は変わるだろう、人間も変わるだろうと思いました。みすゞさんの心が広がっていったら、残虐な行為はできないはずです」。

長年の活動と自作の「うずまきぎんが」の出版により童謡文化賞を受賞。15年に第3童謡集「きらり　きーん」を出版した。

これからについて「今、75歳ですが、童謡は空白期間が約30年あるから創作年齢は45歳。童謡は子どもの歌とされがちですが、幼児から１００歳のお年寄りまで幅広い世代にとって発見があり、共有できます。そんな童謡を書けたら」と語る。

生き方で大切にしていることを尋ねた。「自分がいることが誰かにとってうれしい存在になれたら。本当は作品でそうなれたらもっといいんですけど、僕自身も作品だと思っているので。未来の人たちに、少しでも大事なことを伝えられれば、生きてきて良かったなと思えますから」

２０２３年は金子みすゞの生誕１２０年を迎える。詩はこれまでに英語や中国語、ペルシャ語など13カ国語に翻訳されている。作品に一層光を当てるとともに、自作の童謡づくりに情熱を注ぐ。

（２０２２年5月8日）

人間の可能性を信じる「行動特性」知り根付け安全文化

日本ヒューマンファクター研究所
顧問（医学博士）

垣本 由紀子さん（85）

「努力をしても報われないということもあるかもしれないけど、あきらめずに頑張っていけば、いい結果になるという希望は持てます」と話す垣本由紀子さん（東京都内）

人間の行動特性とは何か。どういった状態、環境であれば、安全を保てるのか。いのちの大切さを根底に実験心理学の観点から、安全管理の研究に打ち込んできた。

東京郊外で生まれ、戦時中は空襲警報が鳴るたびに防空壕《ごう》に避難した。終戦は8歳の時、栃木県で迎えた。「小さいながら、早く戦争が終わってほしいと思っていました」

高校生の頃、心理学者の波多野勤子さんの「少年期」を読み、心理学という領域があることを知る。数学の先生が「心理学入門」の本を貸してくれて興味がわき、早稲田大で心理学を専攻。大学院に進みたかったが、5人きょうだいの長女で家の経済状況から「早く働こう」と、大学の先生が勧めてくれた国家公務員の防衛庁（現防衛省）心理職技官の試験を受け、合格して入庁した。

主に航空医学実験隊でパイロットや管制官の心理などを研究。42歳の時、米国の空軍基地や民間の研究所に短期留学し、米国航空宇宙環境医学会を知った。年に一度、米国内の都市で開かれ、世界約70カ国から研究者が2千人ほど集まる。最先端の研究が発表討議され、これまでに30回ほど参加し、副会長の一人にも選ばれた。

40代後半は仕事を続けながら、昭和大医学部の特別研究生として通い、医学博士号を取得した。学位論文のテーマは「長時間フライトに伴う生体への影響」。パイロットの離陸や水平飛行、着陸時のストレスのかかり方を、飛行機に同乗して離陸及び着陸直後にもらった唾液を分析。分泌されるコルチゾールの量によってストレスを測ることができることを実証した。「離陸、着陸時には大きなストレスがかかります」。血液の分析ではなく、唾液による分析が新しい点だった。

研究企画官を定年退官後は鹿児島県立短大や実践女子大の教授となり、学生を指導。2001年から2期6年間、国の航空・鉄道事故調査委員会（現・運輸安全委員会）の委員を務めた。この間に発生し、特に解明に取り組んだのが日航機ニアミスによる乗客負傷事故と、死者107人を出した尼崎JR脱線事故。

脱線事故は、運転士の心理解析を担当し、前日からの勤務状況や当日の運転行動、心理状況を詳しく調査。「運転士は事故で亡くなっていますから、同期生の運転士たちに、あなただったらどう、とありのままを語ってもらうように心掛けました。日勤教育の部屋も見ました。当時のJR西日本は懲罰主義が一般的で、エラーをしても恐れて報告しない状況でした。とがめるだけでは解決にならないし、エラーはなくなりません。人間工学的に周りの環境を整えることも、再発防止のために大事です」と強調する。

その後、安全学の先駆者で医師の故・黒田勲さんの招きで日本ヒューマンファクター研究所

(東京)の顧問に就いた。社会生活の中で機械やシステムを安全かつ有効に機能させるためにヒューマンファクター(人間の行動特性)の研究を続けている。

「人間とは、可能性をたくさん秘めて不可解なものですけど、人間の持つ可能性を信じています」と。

生き方で大切にしているのは、母の「遺言」という。小学校の先生だった母は42歳で病気で亡くなった。垣本さんが大学1年生の時で、「努力が必要だからね」「一生懸命やらなくちゃだめよ」「専門を生かすように」と、いつも話してくれた。

その言葉を胸に、女性の研究者が少ない時代に自ら進む道を切り開いてきた。「とにかくやってみようと。女性だからできない、ということは言わないようにしてきました」と振り返る。

これからについて尋ねた。人間の行動特性の「注意」を中心にさまざまな事例を示して書籍にまとめる意向だ。日本安全学教育研究会の会長も務め、新型コロナが及ぼす社会安全への影響や対策にも目を向ける。

悲惨な事故を繰り返さず、かけがえのないいのちを守るために、研究者としてできること、安全文化を根付かせるために心を尽くす。

(2022年6月19日)

語られる一つ一つの言葉を聴く　多様な尊厳守られる社会に

国連女性の地位委員会日本代表
城西国際大特命連携教授

田中　由美子さん（70）

「気持ちが落ち込んだときはなるべくこだわらず、気分転換をして長引かせないように、5分間で忘れるようにしています」とユーモアも交えて話す田中由美子さん（東京都千代田区）

社会的、文化的につくられる性別役割（ジェンダー）に基づく偏見や不平等をなくし、多様な人々が生きやすい世界を目指してきた。

「ジェンダー平等は、人権であると同時に人類の普遍的な価値だと思います」

神奈川県生まれで、海外との交わりは、高校3年の時に交換留学生として米国ニュージャージー州に1年間ホームステイしたのが最初だった。

「受け入れ家庭の両親は共働きで家事も分担し、対等に話していました。女性も経済的に自立することが必要だと強く感じました」

国際基督教大を卒業後、国際協力のコンサルティング法人に就職。フィリピンやスリランカで途上国の仕事に関わったのを機に、英国のマンチェスター大大学院に進み開発学を専攻した。その後、国連工業開発機関、国連アジア太平洋経済社会委員会（バンコク）の国連職員となり、アジアのジェンダー平等、貧困女性の地位の向上を推進する業務に携わった。

1990年以降は国際協力事業団（現・国際協力機構、JICA）で専門家として、アジア、アフリカ、中近東などで女性の経済的エンパワーメント（力を付ける）、農村女性のための生計向上支援、人身取引対策、女性の視点に立った防災などの国際協力プロジェクトを企画・実施してきた。

タンザニアのキリマンジャロ州の灌漑《かんがい》稲作プロジェクトでは、男女農民を対象にジェンダー啓発研修を行った。1日の生活時間を男性と女性で書き出して目に見える形にして話し合ってもらった結果、女性の労働時間が長いことや、女性は農作業と家事の両方で忙しいことが分かった。その結果、男性が水くみや食事の用意を手伝うという変化が生じた。「性別役割にとらわれないという行動の変化が表れ、ジェンダー研修をやって良かったと思います」と振り返る。

タンザニアでは、農村女性が土地の権利を所有することはまれで、家屋などの資産もあまり所有していない。土地の所有権がないと、水利組合のメンバーになれないし、小規模な事業を始めたくても担保がないので融資してもらえない。そこで、土地所有権が女性の地位の向上に与える影響を調査し学位論文にまとめた。調査に協力してくれた男女に対して現地セミナーを開催して調査結果を報告したところ、女性の一人が「これまで自分が土地を持つなんて考えたことがなかったので、話を聞いて目を見開かされた」と語ってくれた。

近年は城西国際大や立教大で女性学や国際協力論などを担当。学生や院生に「日本にも子どもの貧困や困窮しているシングルマザーがいる。ひとごとではなく、自分ごととして考えられるように」と、講義やディスカッションを工夫してきた。

２０１８年からは「国連女性の地位委員会」の日本代表を務めている。会合は毎年３月にニューヨークの国連本部で開かれ、グローバルな観点から加盟国の議論と合意形成に加わってきた。今年は主なテーマとして気候変動や環境・災害リスク削減に関するジェンダー平等について討議が行われた。

田中さんはＮＧＯ「男女共同参画と災害・復興ネットワーク」の中心メンバーの一人でもあり、ジェンダーの視点を取り入れた防災や災害復興の課題にも力を注ぐ。東日本大震災をはじめさまざまな災害を踏まえ、「耐震性のあるインフラも大切ですが、事前の避難訓練、避難所の運営やプライバシー確保など総合的に防災を捉え、日頃から地域の備えを充実させる必要があります」と訴える。

生き方として大切にしていることを尋ねた。「なるべくその人の立場にたって考えるように心掛けています。先入観を持たずに、語られる一つ一つの言葉を丁寧に聴き取るように」と柔和な表情で明瞭に。

これまでは、活動の基軸として女性の課題に取り組んできたが、高齢者、障がい者、ＬＧＢＴＱ（性的少数者）、難民や移住労働者、少数民族など、多様な人々の個々の尊厳が守られる社会に近づくようにと願い、行動している。

（２０２２年７月10日）

自分に正直に、ひたむきに生きる　文章を書く楽しさ、喜び追求

カキナーレ庵主人

深谷 純一さん（80）

「現場を大事にしています。大学生が取り上げた脱毛マシンは見たことがなかったので、恥ずかしかったけど、店に行って説明を聞いて、作品論評を書きました」と話す深谷純一さん（京都市東山区）

文章を書く楽しさ、喜びを追い求めてきた。

読み解きにとどまらず、生徒の書く意欲を引き出すにはどうしたらいいのか。長年、作文指導で試行錯誤した末に「天からの啓示」のように生まれたのが「カキナーレ」だった。

成安女子高（京都成安高を経て現在は京都産業大付属高）で国語教師をしていた54歳の時、「文学」の授業で3年生に書き慣れる大切さを説明し、「自由に好きに書けばいい。作文用ノートの名称をカキナーレにしよう」と持ちかけた。すると、1人の生徒が「それやったら、私、書いてくるよ」と反応し、数日後に「銭湯の思い出」を書いて来た。

すぐにワープロで打って授業で配った。すると、他の生徒たちも刺激を受け、日常の生活や身の回りの出来事などを題材にした作品を競うように出してきた。ドキっとするような観察眼や、思わずクスっと笑みがこぼれるものもあり、10代の多感な心の内がつづられていた。

以後、継続された生徒たちの「カキナーレ」は年度毎の文集を経て単行本にした。昨年秋、カキナーレ本の集大成として、高校生の作品に大学生の作品も加え、自身の論評も収めた「カキナーレ・若者の本音ノートを読む」（東方出版）を出した。

「いわば学校作文の呪縛から解き放たれ、子どもたちが楽しむようになったんでしょう。ネタ探しとか、意識して自覚的に。書き出しとオチも考えてや、と求めました。関西の子だからオチって分かるんですね」とユーモアを込めて深谷さんは語る。

戦時中、東京で出生した記憶に残る原風景は、戦後の幼い頃、年配の男性が夕方、焼け跡を「リンゴの唄」を歌いながら歩いていた情景だ。進駐軍のキャラメルやチューインガムも覚えている。

高校3年の頃、何のために勉強して大学に行くんだろうと悩んだ。思いあまって国語教師の大河原忠蔵先生（のち奈良教育大教授、故人）の家に行き、尋ねた。すると「生きなければ分からない、それを探すために自分も生きている」と正面から問いを受けとめてくれた。

早稲田大に進み、山岳部に入部した。だが、その年の11月に富士山合宿で新雪表層雪崩に遭い、部員4人が死亡。雪中に埋まったが、九死に一生を得た。しかし、生き残った罪悪感から授業に身が入らず、山岳部は最後までやり通したが、卒業までに5年要した。

将来は新聞社や広告会社の就職も考えたが、成安女子高の国語教師に就いた。京都は高校時代に修学旅行で訪れ、バスガイドの女性に恋心を抱いた地でもあった。

授業では、野坂昭如の小説「火垂るの墓」で戦争の悲惨さについて一緒に考え、民俗学者宮本常一の聞き書き「梶田富五郎翁」では、現地の対馬を訪問したうえで授業に臨んだ。「文学作品の授業は、相手の気持ちを読み取れる人になってほしいとさまざまな工夫をしました」。

高校在職中は、授業に力を入れるとともに、できるだけ他校の先生たちと交流した。とりわけ忘れられないのは、京都の国語の先生たちとともに取り組んだ国語サークル「土曜日の会」の活動。毎月1回の研究会を31年間、一度も欠かさず実施し、教師生活の支えともなった。

62歳で高校教師を退き、71歳まで大学の非常勤講師を務めた。その後は、ボランティア団体「カキナーレ塾」を立ち上げ、読書会や朗読会などを開催。個人編集の「カキナーレ通信」は年3回ほど発行し、現在、24号を数える。

新刊の「カキナーレ」の本を知り合いに送ったところ、手紙と漫画の本が届いた。卒業生からだった。すっかり漫画家として自立していることが分かった。「卒業生の活躍は、どの子もうれしいです」と柔和な表情で。

生き方で大事にしてきたことは「自分に正直に、ひたむきに生きる」。

ことし、傘寿を迎えた。「これまでの取り組みや来し方を出来るだけ客観的に書いてみたい。それが意味のあるものになればと願っています」と、はにかみながら意欲を見せる。

（2022年7月31日）

悲惨な事故を繰り返さない「広学探究」の大切さ説く

関西大社会安全学部教授

安部　誠治さん（70）

「気分転換は家庭菜園で野菜を作ることです。今夏はキュウリ、オクラ、ピーマンなど。土を触るのは楽しいです」と話す安部誠治さん（大阪府高槻市の研究室）

研究室にとどまらず、社会に軸足を置き、事故の遺族と共に歩んできた。

「安全、安心の問題は21世紀の日本社会、世界に共通する極めて大きな問題です」

安全は当初からのライフワークではなく、人との深い出会いと巡り合わせから、と経緯を語る。

山口県で生まれ、高校生の時、外国に関わる仕事をしたいと大阪外国語大（当時）のフランス語学科を選んだ。学生サークルで都市問題を考えるうちに所得格差や大都市の中の貧困に目が向き、語学に加えて専門性を併せ持つ必要性を感じて経済学を学ぼうと、大阪市立大（同）の経営学研究科に進んだ。

博士課程でパリ大に留学して19世紀のフランス経済史を研究。居住中に公共交通の便利さを体験し、交通システムの現状に関心を抱いた。課程の途中で大阪市立大助手に採用され、公企業論を担当。折しも国鉄の分割・民営化の論議の真っただ中で、交通全体のあり方を考えるようになった。その後、同大学の助教授を経て、関西大商学部に移った。

安全の問題を正面に据えて取り組むきっかけは、１９９１年に起きた信楽列車事故。民営化されたＪＲ西日本と第三セクター信楽高原鉄道の列車が正面衝突する惨事で、遺族の臼井和男さんや吉崎俊三さん（ともに故人）、遺族を支援する佐藤健宗弁護士の訪問を受け、日本には鉄道事故の常設の専門調査機関がなく、設置する運動に協力してほしい、と依頼された。

「ご遺族が思いをせつせつと語られ、胸にすとんと落ちました。悲惨な事故を繰り返してはならない、同じような遺族をつくってはいけない、と。これが私の原点です」

遺族や弁護士らでつくる市民団体「鉄道安全推進会議」の副会長に就き、オランダで開かれた「世界運輸安全会議」には日本から唯一の組織として参加。国際運輸安全連合（ＩＴＳＡ）や米国国家運輸安全委員会（ＮＴＳＢ）の委員長らと交流。地道な活動は行政や国会議員、市民の共感につながり、２００１年に航空事故調査委員会は航空・鉄道事故調査委員会（現・運輸安全委員会）に改組された。

尼崎ＪＲ脱線事故を巡り、ＪＲ西日本の体質改善の社外有識者委員、東日本大震災に伴う福島第１原発事故では政府事故調査委員会の技術顧問を務めた。

「原発も鉄道も、巨大システムが持ついろいろな問題点が複合的に絡み合って起こる組織事故で、実は共通性があります。政府に規制された事業なので、規制の問題、東京電力などの企業体質、津波の予見の問題、関係者がどのように発想し、行動したのか、人の問題も重要です」

現在、日本の常設の事故調査組織としては運輸安全委員会、消費者安全調査委員会、事業用自動車事故調査委員会、医療事故調査・支援センターがある。「それぞれ権限や調査する実力が違い、将来的にはこれらの組織を統合した安全委員会を内閣府に置く必要があります。たとえば運輸安全委員会から発展したオランダの安全委員会は、運輸はもちろんのこと、産業や建設事故、健康事件、そして国防軍の事故も対象にしています」と強調する。

大学教育では、事故防止と南海トラフ地震など自然災害の対応を目指し、社会安全学部と社会安全研究科の開設（２０１０年）に、担当の副学長として力を注いだ。文理融合で広く学んで本質を捉える「広学探究」の大切さを説き、社会人の院生も、こども園の園長やバス会社の管理職、元国家公務員らを博士課程に受け入れてきた。

生き方で大事にしてきたことを尋ねた。「いろいろな人と関わり、その協力の中でしか、事は成し得ないと思います」と明確に。「人を見て態度を変えず、依頼されたときに自分ができることには精いっぱい取り組むようにしています」と話す。

これからについて。２０２３年春に大学を退職する予定で「これまでの集大成として、企業で安全に携わる人や一般の人に役立つ『安全学』の新書を執筆したい」と構想を練る。

（２０２２年8月21日）

喜びを倍に、悲しみを半分に　ことばは「楽器」笑顔を奏でたい

「ことば磨き塾」主宰

村上 信夫さん（69）

「書くことも好きで、楽しいです。ブログに10年間、毎日アップしています。時代小説のテーマも持っているのですが、小説はなかなか書き上がらなくて」と、にこやかな表情で語る村上信夫さん

ことばを人の心の奥深くに届ける「ことばの伝道師」である。

「人はことばでつらい気持ちがやわらぎ、一歩前に踏み出すこともできます。ぞんざいなことばを浴びせかけられがちな世の中ゆえに、小さくとも灯明のように、ことばを意識して大事に用いていきたい」と話す。

京都市の衣笠小学校に4年生まで通った。和装小物を扱う父の仕事に伴い、関東に転居。子どもの頃は授業で手を挙げることもできない引っ込み思案で病気がちだったという。

15歳の春、公立高校を受験し、クラスでただ1人、不合格になった。滑り止めは受けておらず、なんとか私学の2次募集を見つけ、合格できた。「あの時は目の前が真っ暗になりました。試験に弱いんですよ」と振り返る。

人生の節目は、明治学院大3年の時。学生新聞の取材で先輩を訪問する機会があり、NHKの名アナウンサー中西龍さんに仕事について尋ねると「私の放送を聴いて、喜びが倍になり、悲しみが半分になったと言ってくださる方がいる。こんなに嬉《うれ》しいことはないですよ」と答えてくれた。急きょ、NHKを目指した。

富山局、山口局などを経て東京へ。「ニュース7」に続いて、「おはよう日本」のキャスターとして、阪神大震災や地下鉄サリン事件などを報道した。47歳の時、華やかなテレビの世界からラジオ部門への異動を命じられた。悩んだが、出世競争など、人と自分を比べる人生はやめにしよう、と気持ちを切り替えた。

「ラジオをやっていなければ、鼻が高く自分が有名人になったような錯覚をしていたかもしれません」

高校生の時、永六輔さんの番組に投稿し、名前を呼んでもらう喜びを体感。だから、寄せられるお便り一つ一つに丁寧に向き合った。「まさに喜びや悲しみに寄り添い、リスナーのあすの活力になれれば最高ですから」

テレビの「おはよう日本」の締めくくりに、「きょうもいいことがいっぱいありますように」と話していたことばは、ラジオ番組でも続けた。エグゼクティブアナウンサーに昇格。定年満了前の57歳でＮＨＫを退職した。

転身の決断のきっかけは、「ことばの種まき」の文字が字幕スーパーのように脳裏に浮かんだから。「不思議ですが、ことばにこんなにお世話になってきたのだから、恩返ししなさい、世の中に役に立つことをと、ことばの神様に言われた気がしました」と言う。

その後、文化放送の「日曜はがんばらない」やＦＭ８０５たんばなどの定時番組は受け持っているが、仕事全体の８割は全国各地での公開講座や講演だ。京都では本年度10期目の「ことば磨き塾」を開催中。今月は28日午前10時半から、京都新聞文化センターで開く。

村上さんは、人や自分自身を傷つけたり否定する「武器ことば」ではなく、言われたり使ったら嬉しくなる「楽器ことば」への変換、普及に力を入れている。近著『嬉しいことばが自分を変える』では、塾生とともに考案した「楽器ことば」や「全身で聴く」大切さを記した。

人生に影響を与えたもうひとりには、司会者で人気を博した児玉清さんを挙げる。「惜しげもなく時間を相手のために注いでくださる方で、自分もこうありたいと思いました」としのぶ。

心に残っているのは、将棋界で戦後最年長の41歳でプロ編入試験に合格した今泉健司さんとのエピソード。今泉さんは若い時、プロの養成機関の奨励会を年齢制限で退会せねばならなかったが、苦節15年の末、夢をかなえた。奨励会の去り際に、村上さんが伝えた「人生に無駄なことは一つもない」のことばを支えに、精進してきた。

「実は私、今泉さんに話していたことばを忘れていたんです」と笑みを浮かべ、「ことばを使うことを意識すれば、人間関係も変わるし、政治も変わるし、国と国とのいさかいもなくなっていくと真剣に思っています」

嬉しいことばの種まきで笑顔を広げたいと、東奔西走している。

（2022年9月11日）

「少しでも恩返しをしたい」「整理」は自分の人生考えること

整理収納コンサルタント
朗読家

日浦 弘子さん（66）

気持ちが晴れない時は「片付けをして心をすっきりさせたり、音楽を聴きます」と話す日浦弘子さん（京都市中京区・京都新聞社）＝撮影・山本健太

抱いていた夢が現実になるのは、幾星霜《いくせいそう》を経て、還暦を過ぎてからである。

広島県で生まれ、子どもの頃から本の音読が好きで、国語の授業で先生から指されるのを期待して待つ方だった。県立高校で放送部に入り、小説の朗読や曲紹介などを担当した。「将来、自分の声が人のやすらぎや癒やしにつながれば、と願っていました」

英国在住の日本人女性作家と編集者が、日浦さんの朗読に関心を示し、電子版の本を紙媒体で刊行する際に朗読録音も付けることを提案してくれた。その朗読付きの本が近く市販される。売り上げは日本の養護施設に寄付されるという。

「作家の実体験に基づき、いろんな困難に見舞われても、自分自身を勇気づけていくという感動的な本です」と、弾む声で。

高校卒業後、信用金庫に入り、23歳で結婚して主婦に。30代後半で夫の赴任に伴い、京都市に転居。子育てが一段落したのを機に工務店にアルバイトで勤めたことがもう一つのライフワーク、整理収納コンサルタントの道につながった。

「最初は主に電話番でしたが、新築やリフォームをお客さまに提案する男性設計士が作った図面を見て、主婦の立場から気づく点があり、こうしたほうがいいのではとおこがましくも口にするようになりました」と経緯を語る。

設計士から「一緒に話を聞きに行きますか」と促され、現場に。社員に登用され、建築やインテリア、コンピューター支援設計にも携わった。「上司が営業してみたら、図面を書いてみたら、と場を与えて大事に育ててくれ、経営にも参画できました」。工務店は63歳で退職した。

その仕事の過程で整理収納の大事さに気づく。もっと片付く家を提案したいと勉強し、2007年、51歳の時、ハウスキーピング協会の整理収納アドバイザー1級の資格を取得。片付け支援の訪問や、幼稚園、保育園、自治体、団体などの依頼で「モノとのつき合い方」「ゴミを減量できるスキル」などの講演やセミナーを600回以上してきた。

整理収納のポイントについて「家は、人の幸せを入れる器です。物の片付けは、自身の心を調えることでもあります。片付けられなくて自己肯定感が低くなっている方もいますが、性格のせいではなくて、やり方を知らなくて、どうしようもなくなっている方が多い」とアドバイスする。

大切なことは不必要なモノはなくし、必要なモノを残す「整理」と強調する。次に、あるべき所に戻せる「収納」の仕組みをつくること。そうすれば片付ける時間を短くでき、「掃除」も簡単なので快適に暮らせるという。

「不必要なモノかどうかは、それぞれの方の価値観で変わるので、生き方が関係してきます。

整理収納は、実は自分自身の人生を考えることというのを伝えたい」

近年、整理収納アドバイザー1級取得者の団体「ｅｃｏｔｏ（エコト）京都」を結成。ＳＤＧｓ（持続可能な開発目標）の一環として、講演会、絵本や子ども服の交換会なども開いている。

日浦さんの根幹にあるものは何だろう。「実は、養父母に育ててもらったんです。そのことは大人になって知りました。信じ難いくらいほんとに大切に育ててもらったので、実の父母に思いを寄せることはありませんでした。血のつながらない人間を、こんなに愛して大切にできる人がいるんだって思いました」

それぞれ伴侶を亡くした養母と夫の父を2人同時に京都市内の自宅に引き取り、その後、介護をして見送った。「先に広島で他界した養父には何も恩返しができなかったとの思いがあります。そして今まで私を支え愛してくれた家族やまわりの人たちへの感謝を込めて、これからの人生をかけて人の役に立ち、喜んでいただけることをしていきたい」と話す。

大切にしている言葉を尋ねると「無碍《むげ》」と明快に。「何事にもとらわれず、自然体で人を受け入ることができれば」と、ぬくもりある声で答えた。

（2022年9月18日）

夢は語らないと実現しない　伝統次代へ異分野とタッグ

和紙作家

堀木 エリ子さん（60）

フランスのブランド・バカラと制作した和紙とクリスタル融合のシャンデリア。光の色について「異文化と共同したことで、いつの間にか私自身に固定観念が芽生えてしまっていたことに気がつけて良かったです」と話す堀木エリ子さん（京都市中京区）＝撮影・奥村清人

日本の季節や時のうつろい、情緒、情感を大切にし、「用の美」を追求する開拓者である。

古くから受け継がれてきた手漉《てす》き和紙について「和紙は水の芸術です。水の力を借り、コウゾなど植物の繊維を絡めて生みだします。強度が劣化しにくく、使えば使うほど質感が増します」と特長を語る。

京都市で生まれ、大阪市で育った。高校卒業後、大学に4年間通う代わりに社会勉強を、と都市銀行に入行した。22歳の時、知り合いに誘われて和紙商品を扱う会社の発足時に事務職で勤めるが、会社は2年で閉鎖してしまう。

その在職中、冬場に福井県武生の工房で「職人さんたちが手をつけると痛さを感じるほどの水で和紙を漉く姿を目の当たりにし、伝統産業を廃れさせてはいけない、次代につながなければ、と使命感を抱きました」。

1987年、京都の呉服問屋との出会いで新たに和紙を扱う事業部を設立。グラフィックデザインを学んで大学を卒業したばかりの女性と2人で従事した。手漉き和紙の活路は何かと考え、包装やレターセットなど一度楽しんで捨てられる物でなく、長く使える「建築・インテリア」に方向性を定めた。

最初の年に東京でクリエーターの展覧会を催すなど商品開発を進めるも3千万円の赤字を出

して、クビを宣告される。周囲に相談すると、デザインの専門学校や大学を出ていないからやめたほうがいいと助言された。だが「石の上にも3年」と粘った。黒字化でき、発注者との話し合いの中で自身にも創作の感性があることに気づき、デザインも手がけるようになった。38歳で独立して現在の会社を発足させ、デザイナー、職人、経営者の三役を果たす。大事にしているのは「ご縁と腹の底からのパッション（情熱）」。できないではなく、できる前提で対処し、原点に戻って考え抜く。さらに「夢は語らないと実現しない」と明らかにする。

この姿勢を貫き、異素材を漉き込んだり、和紙をガラスと一体化する「合わせガラス」の手法、防炎化、のりを用いない立体和紙などを開発。ホテルや百貨店、大使館、大学などの空間の内装をはじめ、公的施設の外壁などの制作から設置まで行っている。

自ら驚いたのは、ものづくりには全く縁がないと思っていたが、和紙の歴史の本を読んでいる時に、三重県伊勢で曽祖父まで3代にわたり和紙加工を行い、擬革紙を作っていた記述を見つけた。1900年のパリ万博では開発した壁紙で金賞を受けていた。「それを知った時、鳥肌が立ちました。あわてて先祖のお墓参りに行きました」とユーモアを交える。

2000年のドイツ・ハノーバー国際博覧会では立体和紙で2人乗り電気自動車の制作に携わり、会場内を走行させた。25年の大阪・関西万博でも発注を待つ。

内装や街づくりのほか、今年は地域のまつり興しに加わった。かつて捕鯨のまちとして知られた佐賀県唐津市呼子町の出身者から依頼され、立体和紙で親子クジラの曳山《ひきやま》2体を作って納めた。親クジラは最高3・5メートル、子クジラは最高2メートルで、10月16日に陸と海で曳山巡行が行われる。「自然への畏敬の念や命への祈りの気持ちを込めました。まつりは総合芸術、総合文化。地域を掘り起こす後押しに」と話す。

故稲盛和夫さんの盛和塾にも参加した。「仕事の進め方、考え方だけではなくて、人にものを伝える時にどういう言葉で分かりやすく伝えるかということを勉強できました。好きな言葉は『利他』です」としのぶ。

これからについて尋ねた。39歳と45歳で二度、がんの手術を受け、生き方を深く見つめた経験を踏まえ、「人生は20年単位ではないかと思います。和紙づくりを始めて今年35周年で還暦になりました。個人の力で引っ張ってきましたが、組織の力に変えて継承するのが課題です。海外に進出したいファッションや和菓子など異なる分野の会社とタッグを組み、日本人の精神性や美学を伝えていけたらいいなと思っています」と、発展的な合併も視野にさらなる改革を目指す。

（2022年10月16日）

「よく生きたね」と言えるように　作家の思い 風土感じて書く

詩人、旅行作家

西本　梛枝さん（77）

「山を歩いていても旅行をしていても、同じような人の暮らしがここにもある、と感じる時がうれしいです」と話す西本梛枝さん（草津市内）

詩集「神明の里」の一節にある。

「在《あ》るがまま　在るがままでいいのだよ」
心の中を風が吹く　とき
心の中に怒りが走る　とき
何度　この言葉を戴《いただ》きにきたことだろう
閉ざした心をひらくために
唐川赤後寺　千手十一面観音さん

西本椰枝さんは終戦の年に島根県のお寺で生まれ、育った。神戸大教育学部に進み、兵庫県西宮市で小学校教諭を務めた後、旅を語る仕事に進み、東京と大阪を結ぶ「東海自然歩道」を案内する民放テレビのリポーターを皮切りにＮＨＫラジオ深夜便で昔話や文学の風景などを語ったりした。

国内各地をはじめ、シベリア鉄道に乗車して車窓からずっと続く原野を眺めたり、インドのガンジス川の旅などもしてきた。いろんな土地に心躍るけれど、近江の風土には心が動くという。「湖北唐川の里に住む人たちが守ってきた十一面観音さまもそうですし、生活の中に文化がよく残っていて、先祖から受け継いだもの、暮らしの知恵を大事にして、次の代に伝えようとされていると感じます」

近江の地を舞台にした数々の文学作品を基に紀行エッセー『鳰《にお》の浮巣』や『湖《うみ》の風回廊』を著している。

「人が風景を守り、風景が人を育てます。風景に作家が触発されて書き上げたのが作品。単に作品の舞台をなぞるのではなく、作家がなぜ、その土地を作品の中に取り込んだのか、作家の心を動かしたのは何だったのか。作家の思いにまで踏み込み、風土を肌で感じてから書き始めるようにしています」と語る。

取り上げた中で特に心に残る文学作品として、井上靖さんの小説『星と祭』、城山三郎さんの小説『一歩の距離』を挙げる。

「『星と祭』は、近江の風土があったからこそ書かれたと思います。井上さんは美を追求した人で、作品を書くにあたって話を展開する場所がどこでも良かったはずはありません。作品に出てくる場所に私は行きます。琵琶湖に面した南浜（現長浜市）に立った時、さあ帰ろうと思って振り返ると、真後ろに伊吹山があり、神々しいほどでした。井上さんもこういう感触を実感された、のだなと思いました」

『一歩の距離』については「城山さんが戦争は絶対いけない、戦争は人格を変えるもので、若い人に読んでもらいたい、とどこかで書かれていました。だんだん戦争を知らない世代になって空想の中のものになり、戦争の現実はこうなんだと知るうえでぜひ読んでほしい」と言葉に力を込める。

東海自然歩道の番組で里山や集落を巡ったのを機に、今も山歩きを続けている。岩だらけの高山より基本的に森が好き。だから、ブナ林など樹木が多い比良山系の山に度々足を運ぶ。「木の匂い、草の匂い、谷川が流れる音にホッとします」と表情を緩める。

学生時代は馬術部で、餌の草刈りや馬の汗拭き、マッサージ、厩舎《きゅうしゃ》の掃除、乗馬などをしていたので、「力仕事は得手」という。

これからについて。「詩はずっと書き続けます。言葉から遠ざかってしまうからという思いと自分自身をきちんと見つめていたい。省みるきっかけになります。言葉は、心を伝えるには難儀なイキモノですが、言葉を磨くことは自分を磨くことにもなるので、言葉を探していきたい」と前を見つめる。

生き方で大切にしていることを尋ねた。

「水のように、光のように、風のように。それらは普段気にしないけれど、生き物にとって必要なものです。そんな存在でいたい」と。さらに「最期に『おつかれさん、よく生きたね』って、自分自身に言えるように生きたい」とはにかむように答えた。

（2022年10月30日）

今を大切にし、楽しさ伝える

「日常を描けば子どもは喜ぶ」

手づくり絵本作家

村上 祐喜子さん（68）

「出版された絵本は感想をもらえるし、世界を広げてくれます。手づくり絵本には、手づくりならではの温かみがあります」と話す村上祐喜子さん（京都市中京区・京都新聞社）＝撮影・奥村清人

世界で一冊の手づくり絵本を中心に絵本の制作に心を込め、輪を広げることに情熱を注ぐ。

「手づくり絵本の特長は、いろいろな素材を用いることができ、誰に読んでもらいたいかを想定して作れます。親は子どもの日常や好みを間近で見て知っているので、どなたでも作ることは可能です。過程も楽しいですし、目の前で子どもの反応が見られるのもうれしいです」

紙に描くだけでなく、毛糸やビーズ、色紙、布…などを用い、飛び出す仕掛けや折り畳み、小さな人形を組み合わせ動かして遊べるようにしたりするなど多彩だ。

これまでに、家族や身の回りのことを主な題材に約150冊作った。手づくりから市販に至ったものを含め、出版された絵本は8冊で、9冊目を準備中だ。

村上祐喜子さんは富山市生まれ。両親は美容師で家には住み込みの美容師も暮らし、大所帯だった。価値観は人それぞれちがうと感じたのは、小学生の頃に遊んでもらっていた美容師見習いの女性の言葉。「カットされた髪を片付けたり、奥でタオルを洗ったりするのはつまらないだろうと思っていたら、私はこういうことが好き、と話してくれました」。裏方の仕事をきちんとやろうとしている人の存在が心に残った。

県立高から立教大へ進み、出版社に勤めた後、北日本放送のリポーターを経て28歳で結婚した。絵本への興味は、夫の赴任先の山口県で開かれた絵本展で絵本作家の林明子さんの作品を見てから。「小さい子の日常がリアルに描かれ、このように日常を描けば子どもは喜ぶと知りました」

子育て日記の延長で、1歳半の長女が発するあどけない言葉や一日の出来事をクレヨンで描き、ホチキスで止めて簡単な冊子を作った。それが最初だった。毎日絵本を読む習慣の中で、寝る前に「よんで…」と言って長女が持ってくるのはホチキス止めのほうだった。

その後、名古屋市で手づくり絵本の元祖とも言われるグループと出会う。タケノコの皮を用いたり、折り畳み絵本にしたりするなど創意工夫された数々に接して、制作に夢中になった。横浜市では、次女と一緒に幼稚園へ歩いて通ったけやき並木や商店など街並みの風景を春夏秋冬に分け、長い布製の絵本を卒園の記念に作った。

長野五輪（1998年）をテーマにしたものもある。スキージャンプ団体で原田雅彦選手が1回目は距離が短く失敗し、2回目は見事成功して日本チームは金メダルに輝いた。その光景を『ハラダさんのハラハラ記念日』として、ジャンプは表面から飛び出す仕掛けで、雪ん子が応援して胴上げするストーリーにした。富山県射水市大島絵本館の第5回全国手づくり絵本コンクールに応募し、最優秀賞を受賞した。

苦悩したのは、受賞作品が刊行されてから。出版社に「一日100枚描くように」と激励されたが、3人の子育て中でなかなか進まない。ふさぎ込んでいた時、コンクールの審査に当たった絵本作家から「あなたは描くばかりでなく、集い、楽しさを伝えるほうが合っていますよ」と助言を受けた。

この言葉で気持ちが楽になり、同好会や大学で講座をしたほか、現在は兵庫県丹波市や京都市内で「絵本サロン」を開いている。

書も好きで、6年前からは大阪府内の認知症の高齢者施設で「遊書」の時間を受け持ち、墨で文字や絵を入所者と一緒に楽しんでいる。今年夏にはレクリエーション介護士の資格を取得した。

生き方で大切にしているのは「今を大切にする」こと。「その瞬間を楽しむようにしています。先々のことを考えると、今の大事なものを見落としてしまうので」

元気で暮らす健康法の二つが、よく笑うことと深呼吸。小学生までしていたバレエを、子育てが一段落した50代で再開し、続けている。「もはやバレエというよりもリハビリですが、心が解放されます」。とびきりの笑顔で周りの人を明るくする。

（2022年11月13日）

人とつながり、共に歩む

出会い感謝　常に弱い人の側で

建築家、工学博士

松村　正希さん（74）

「一貫して食を大事にしてきました。食べることは栄養や生活の質、生きる意欲、楽しみの時間をもたらします」と話す松村正希さん（京都市中京区）

ユーモアと笑いを大切にする。

「子どもたちに笑顔を」と近年、絵本の原作を書いている。「おなら」シリーズで、「けむしのおなら」「くじらのおなら」「だんごむしのおなら」に続いて、まもなく4冊目の「へこきむしのおなら」を出版する。

「へこきむしは100度の温度のおならを続けて20回以上出すこともあるそうです」。科学的に確かめるために研究者にも会った。

「そのおならでご飯を炊いたらどうだろう、と夢想しました」。物語は、おなかを空かした子どもたちが、へこきむしたちのおならで炊いたご飯を食べて元気が出て希望が湧き、自分の夢を追いかけていくという内容だ。

現実に社会問題になっている「子どもの貧困」がテーマで、物語のベースは、宇治市で生まれた松村正希さん自身の子ども時代の空腹体験による。父の体が弱く、経済的に困窮した。小学3年生から新聞の朝刊、夕刊を配達して家計を支えた。中学卒業後、高校を受験したが失敗し、旅館のアルバイトをした。

つらい状況のなかで手を差し伸べてくれたのは中学校の恩師。既に卒業していたが、「1年間面倒見たる。行きたい学校を目指せ」と校内の一室で模擬試験などのテストを受けさせてくれた。

翌年、京都市立の工業高校の建築科に合格できた。就職先に苦労したが、窯業科の先生の導きで設計事務所に入ることができた。当時を振り返り「2人の先生との出会いがあって、私は道が開けました」と感謝する。

社会福祉への関わりは、20歳の頃に演劇活動をしていた時、医療少年院（当時）の教官に求められ、訪問ボランティアをしたのがきっかけ。年齢の近い入所者の演劇の手伝いをした折、知的障がいの少年と触れ合ったことが始まりだった。

1級建築士を取得した後、35歳で独立。メーカーの元経営者との縁で青山音楽記念館（京都市西京区）を設計、完成させた。だが、新しく立ち上げた設計事務所のため、仕事先がなかなか開拓できない。名刺を配り歩く日々が続いた後、社会福祉法人から設計の依頼を受けた。

福祉先進国といわれる北欧のスウェーデンやデンマークにも行って学び、その経験を基に2000年、日本では先駆的な個室ユニット型の特別養護老人ホームを発表した。これまでに高齢者施設、障がい者施設、保育園などを設計している。

01年、53歳で福井大大学院に入り、06年に工学博士の学位を得た。学位論文のテーマは「認知症高齢者・重度障がい者の食と住環境に関する仮説と検証」にした。

松村さんの設計思想の根幹にあるのは「人が生きるとはどういうことなのか。いかにいのちや人権を守り、安心感が持てて、豊かに生きる意欲を生み出すか」。その実現のため、とりわけ食べることの重要性と人生や生活の継承に重きを置いている。

家庭に恵まれない障がい児入所施設「天草学園」（熊本県天草市）では、子どもたちの意見もとり入れて建て替えの設計・監理を行った。完成後に京都の料理店主や歌手らと再訪し、食事会や音楽・朗読会を催した。歌「うみは待っている」も作詞した。

♬泣きながら　頑張って　生まれてきた　でも　何かあったら　そこに帰りたい　と　きっと　思う　海に囲まれた天草の大地

「あなたたちは決してひとりぼっちではない。いろいろな人たちの愛に包まれ、たくさんの人が支えている。いのちの大切さを感じて、生き抜いてほしい」との思いを込めた。

松村さんは「自分の子どもの頃の厳しい時代、人との出会い、つながりで今があります。子どもたちやしんどい人たちにできないことが、私たちと一緒にできるかもしれません。だから、共に歩みたい。手をつなぎ、少しでも笑顔になれるように」とこれからも歩みを進める。

（2022年12月11日）

施設の子どもたちに笑顔を　不動心、等身大で生きたい

「適職探索」の応援を行う
中小企業家同友会会員

前川 順さん（63）

「全国の中小企業家同友会の会員数は約４万７千人。社会的養護を必要とされている子どもの数にほぼ近いです。全国に取り組みが広がってほしい」と話す前川順さん（宇治市内）

子どもの頃、個性を認めてもらえないしんどさを経験した。

京都市生まれの前川順さんは絵が好きで、幼稚園の時、1964年東京五輪の聖火ランナーなどをクレヨンで描き、2年連続で市美術館に展示された。しかし、小学校に入ると暗転した。

「左利きで幼稚園の時は自由に描いていました。ボール遊びも。でも、小学生になると、先生が『左手で描（書）いては駄目。右手で』と」

学校が楽しくなくなった。宇治市に転居した4年では、若い先生が左手で書くことを認めてくれた。だが、5、6年の先生から「右手で書くように。中学になったら英語は右手で書くようにできているから」と指導された。

「特に小学校低学年の成績は悪かったです。右手で書くことに神経がいって、話を聞いていないですから。4年生を除き、楽しい思い出は休み時間以外になかったです。当時描いた絵は暗くて、心を表していたんですね」と振り返る。

高校卒業後、大学ではドイツ語を学び、外国に憧れを抱いた。旅行代理店の就職内定も得たが、最終的に婚礼ブライダル業界を選んだ。ウエディングドレスメーカーで、婚礼衣裳《いしょう》の見本を車に積み、各地の結婚式場や貸し衣裳店などを回った。

入社して間もなく、鳥取県内の結婚式場のブライダルフェアの手伝いをしていた時、足が不自由なカップルが訪れた。「ご試着ください」と勧め、ブーケを持ってもらうと、すごくうれしそうだった。そばにいた両家の両親も目にいっぱい涙を浮かべていた。その瞬間、「この仕事は続ける仕事。一生の仕事にしよう」と思ったという。

1991年に独立し、宇治市で貸し衣裳店を開いた。本格的に写真の撮影技術も学んだ。「衣裳はいつまでも心に残る思い出の宝」「写真は未来に輝く家族の宝物」を理念に貸し衣裳と写真スタジオを営んでいる。

中小企業は地域とともにあることを痛感する出来事があり、何かお返しをと思っていた時、家庭に恵まれない子どもたちのドキュメンタリー番組を見た。それまでボランティアの経験はなかった。2007年に京都市伏見区の児童養護施設・桃山学園に七五三の着物を持参し、子どもたちの記念写真を撮影した。「十三まいり」も撮るなかで、卒園して社会に巣立ってからの離職率の高さなどを聞き、写真をプレゼントするだけで終わりにはできないと感じた。

所属する中小企業経営者の集まり「京都中小企業家同友会」の会員仲間の理解を得て、12年に「適職探索」の取り組みを始めた。子どもたちに、向いている職種や向いていない職種の手がかりを少しでもつかんでもらえれば、との願いからだ。

桃山学園で生活する高校生4人に夏休みに飲食業関係で、翌13年の春休みは中高生6人に製造業や印刷業などで職場体験をしてもらい、事後に学園で体験発表会をしてもらった。これまでに京都市内の三つの児童養護施設で同様の取り組みを行っており、定期的に「卒園生を囲む会」も催している。

前川さんは「囲む会は卒園生の心のよりどころになっているようです。支援は、プロの福祉を勉強した人たちが職業としてやるものと思っています。僕らは応援団。一緒に走る伴走型支援はできませんが、マラソンの給水ポイントのように沿道で応援することはずっとできます」と話す。

卒業など節目の祝いの写真を撮影した卒園生から結婚披露宴の招待状が届いた。テーブルでゆっくり食事をしてほしいとの申し出だったが、自分は晴れ姿を撮りたいからと会場でシャッターを押し続けた。「招いてもらえて、うれしかったです」

生き方で大切にしているのは、物事に動じない「不動心」。「等身大で生きたいです」と言う。なぜ、「適職探索」の応援を続けるのか、その原動力を尋ねた。「いつも行く施設の子どもたちは、僕らに笑顔を見せます。しかし、涙をいっぱい流した後の悲しみを無理に包み込む笑顔なんです。応援せずにはいられません」と答えた。

（2023年1月15日）

知識は身を守りいのちを救う

大震災を機に、啓発・教育にかじ

地球科学者（京都大名誉教授）

鎌田 浩毅さん（67）

これからについて「市民への啓発・教育と、たとえば、災害が起きる前に頭より先にからだがザワザワと反応するような『身体論』も研究したい」と話す鎌田浩毅さん（京都市中京区）＝撮影・山本健太

地球科学の伝道者である。分かりやすく面白く、本質を伝えることに力を尽くす。

マグマの色の赤い革ジャンをはじめファッションに気を配るのは、学生や市民に興味を持ってもらうためだ。

「知識は身を守り、いのちを救う力がある」「学問は人を幸せにする」。紆余《うよ》曲折をへて到達した確信である。

鎌田浩毅さんは半生を振り返り、「落ちこぼれでした」と率直に話す。東京大理科2類に進むも、打ち込めるものがなかなか見いだせず、苦悩した。サークルは生態学調査や化学実験、点字、心理学を掛け持ちし、「自分さがし」を続けた。数学で0点を取り、学内進学振り分けで成績が足りず希望した医学部医学科に進めず、興味のなかった地質鉱物学科へ。

卒業したら、すぐに就職しようと思っていた。だが、1979年の第2次石油ショックの前で民間企業の募集は少なかった。「地学から足を洗おう」と国家公務員試験を受験。意図した行政職ではなく研究職で採用され、通産省（現・経済産業省）地質調査所の配属になった。

入所したものの「やる気がなくてぶらぶらしていた」1年目の冬、地熱探査の国家プロジェクトの対象地域を見て来るようにと言われた。活火山・阿蘇山に向かい、現地で岩石や火山灰など実物教育をしてくれたのが、調査所の先輩で世界的な火山研究者の故・小野晃司さんだった。

「僕の拙い知識に合わせ、教え方がうまくてすごく面白かったです」。小野さんから薦められる論文を読み、国内各地のフィールドワークに付いていった。「弟子入りしてからは厳しかったけど、人生を切りひらいてくれた恩師です」としのぶ。

以来、鎌田さんは阿蘇山の北に位置する地域の地質を15年間かけて調査。集大成として5万分の1縮尺のカラー地質図「宮原《みやのはる》」を世に出した。また、88年から2年間、米国内務省のカスケード火山観測所に派遣され、世界でトップクラスの各国の火山学者と交流し、火山学の研究を深めた。

鎌田さんがアウトリーチと呼ぶ市民への啓発と教育の大切さを感じたのは、95年の阪神淡路大震災の震災調査で被災地の人から「関西には地震が来ないと思っていたのに」と聞いた時。「関西は近畿トライアングルといって活断層の巣で、学者は大震災の前から一生懸命伝えていました。でも地元の人々には全然伝わっていないことが分かりました」

97年に京都大教授に転身。授業やテレビで解説する中で日々痛感したのは啓発と教育の役割の重要性。「いくら伝える努力をしても結果として伝わらなかったら、人が亡くなってしまう」

約500人の世界的火山学者に読んでもらうために英語の論文を書いて国際学術雑誌に掲載されるより、学生や一般市民に向けた活動に力を注ごうとかじを切った。「学問一つの分野で

1人ぐらいは、啓発と教育に熱心に取り組む学者がいてもいいはずです」

12年前の東日本大震災以後、日本は「大地変動の時代」に入ったと強調する。「南海トラフ巨大地震は2030年から40年にかけて起きる可能性が高い。被災者は総人口の半分に当たる約6千万人、政府の試算では被災額は東日本大震災の10倍に当たる約220兆円に上る甚大な被害と予想されています」と警鐘を鳴らす。

富士山をはじめ国内に111カ所ある活火山の噴火、首都直下型地震への備えも欠かせないという。もう一つは温暖化への対応。「脱炭素の取り組みも大事です。ただ、火山の大噴火が起きたら地球が寒冷化する可能性も併せて考えておかねばなりません」と指摘する。

直近の出来事を見るだけでなく、「長尺《ちょうじゃく》の眼《め》」で物事を見る大切さを提言する。「地球科学も人生も」と。

生き方で大事にしていることを尋ねた。「自分が常に心を開いていれば、いいものが来ます。隕石《いんせき》は困りますが…」とユーモアも交え、「いいものは必ず人が持って来てくれます。だからプラス思考で地球と人生の偶然を楽しむ心を持ち続けたい」と、培ってきた信念を言葉にした。

（2023年2月12日）

あとがき

本を手にとって、お読みくださり、大変ありがとうございます。

多難な現代です。山あり、谷あり、海あり、時には断崖に直面することもあります。

喜怒哀楽を感じつつ、愛別離苦のこの世をどう生きていけばいいのか。

途方に暮れることも度々あります。

でも、ひとりひとり、せっかく生を受けたいのちを大切にして、楽しさ、喜びを感じて生きていければ、どんなにいいでしょう。

その思いで京都新聞朝刊に2017年11月から2023年2月まで第1部から第5部にわたり、さまざまな分野の方々に人生の歩みや生き方で大事にしておられることを、深くお話しいただき、文章にしてきました。

その集大成が、この「それぞれの人生てつがく」の本です。

「人と自分を比べる人生は、やめにしよう」
「他の誰でもない私、他の誰でもない一人一人」
「みなと同じでなくても楽しくなれる」
「ないけど、ある」
「正しいことに日本人は価値を置くけれども、実は楽しいことが人の心を元気づけることに気づいた」
「『許せない』自分を許すことこそ大切」
「人に優しくしてマイナスになるなんて一つもない」
「打ちのめされている人を見たら、素知らぬ顔をして通ることはできません」
「自分がいることが誰かにとってうれしい存在になれたら」
「不器用でよい、誠実に」

――

心に響く珠玉のことばの数々は、嵐の日、高波の日、ゆったりとした凪の日の人生の海原を航海する船の羅針盤にもなり得ます。

インタビューをさせていただく際に心がけたのは、「その方の体の中に流れる調べを感得して書かせていただく」ということです
連載をおえて痛感したのは「人生は捨てたもんじゃないなあ」という感慨です。

時々、「鈴木さんの人生てつがくは？」と尋ねられます。

新聞記者になって、40年以上経ちました。これまでに書いたコラムから3編、紹介させてください。

夢残照

初夏が近づくと思い出す。逝った先輩記者のことを。含羞《がんしゅう》、寡黙のひとであった。雄弁をきらった。晩年に求められて「夢残照」と書いた。編まれた

追悼集には、親交のあった作詞家の故・阿久悠氏も文を寄せている。

追悼集を読み返す。軌跡をたどる。在社時にははがきを、退社後は時々、手紙をもらった。「感性を摩耗しないように」。極太の万年筆の独特の文字で。「すごみある原稿書いてください」。「この仕事、最後は『個』であり、同時に個性だと思います」

仕事に自信を失いかけたとき、折々の言葉が道標のように行く先を照らし、幾度乗り越えていく力になっただろうか。五年前、シャクナゲの花の咲くころ、心筋梗塞《こうそく》で旅立った。遺されたものたちに鮮烈な残像を刻んだまま。

近しい人にこう語っていたと、亡くなった後で聞いた。「百人に一回読んでもらうより、ひとりの人に百回読んでもらえる文を書きたい」

新聞は多くの人に読まれることを旨とする。だが、この言葉は真っすぐに胸に突きささる。思いを継ぎ、今の時代に伝えねばならないことを書き続けたい。

（2008年4月21日　夕刊）

旅人の眼　土地の心

潮の香りを感じなくなった。そのことに気づき、さざ波が胸に生じた。列車から、日本海そばの北近畿タンゴ鉄道宮津駅に降り立つと感じていた香り。京都府北部の支局は二度目で、あわせて五年半の暮らしになるが、新聞記者には旅人の眼《め》がいると思ってきた。旅人ゆえに見え、感じ取れるものがあるから。一方で風土に親しみ、土地の人々の心に思いを寄せることができなければ底流に至ることはかなわない。

船だまりで作業をしていた漁師や市場でセリを終えた仲買人に尋ねると笑顔で答えてくれた。海から吹く風か陸風か、水温の高低、藻の成長などで香りに違いがあるという。青みを帯びた夏の海が、秋には群青へ、そして鈍色《にびいろ》に変わるように春夏秋冬で異なり、今の時期は比較的よわいということだった。

海岸を歩く。海鳥の短く高い鳴き声。海を眺めていると無限の可能性を信じられる。息を吸い込む。風を感じ、たたずむ大切さをあらためて思う。

（２００８年９月１日　夕刊）

漂えど沈まず

作家の思いがこもった言葉は、人生の導きになり得る。

開高健さんの「生誕80年企画展」が昨年から今年にかけて、国内のゆかりの地で開かれている。芥川賞受賞をはじめ、ベトナム戦争では特派員として赴き、人間の実相に迫った。半面、ユーモアあふれるエッセイストで、釣師でもあった。

長く交流した日本ペンクラブ事務局長の吉澤一成さん（67）は「豪放磊落《ごうほうらいらく》でした。きちょうめんさも併せ持っていた。多面的な方」と在りし日をしのぶ。

神奈川県茅ケ崎市には、旧住居を活用した開高健記念館が開設されている。

展示された直筆原稿を読む。丸みを帯びた文字が升目に収まっていて、きちょうめんさの一端を物語る。

エピソードも聞いた。若き同人誌時代の原稿、万年筆やライター、酒瓶など愛用品が数多くのこされていたのは、伴侶で詩人でもあった故・牧羊子さんが物を大切にする人だったからだそうだ。

「悠々として急げ」「後姿にこそ顔がある」。数々の珠玉の言葉。とりわけ、ひかれるのは「漂えど沈まず」だ。未完の小説「花終《おわ》る闇」にある。困難に直面し、自分を見失いそうになるとき、この言葉をかみしめる。

（2011年2月9日　夕刊）

連載中にいただいたお便りも書き続ける原動力になりました。「問いかけがあり、又、インタビューを受ける人たちには〝生きる〟ということの真実を本当にていねいに語らねばならないという強い意志があります。読者は自身の生をふりかえるのではないでしょうか。心が結ばれるよい連載と存じます」。過分なおほめをいただきました。

編集局幹部や文化部デスク、写真部のカメラマン、ニュース編集部の紙面担当をはじめ、社内外の多くの方々に応援やご支援をいただきました。心より感謝申し上げます。

また、書籍化については、京都新聞出版センターの岡本俊昭さんやメディアプランのデザイナー木村康子さんに大変御世話になりました。紙面をお借りして、御礼を申し上げます。

鈴木　哲法

2023年8月

村上祐喜子さん画

鈴木 哲法（すずき・てつのり）

1958年、福岡県生まれ。福山誠之館高校、同志社大学卒業。京都新聞社に入社。社会報道部部長代理、論説委員、東京支社編集部長、文化報道部長、運動部長、編集局次長、編集委員などを経て、文化部専門記者。
1991年に起きた信楽列車事故を中心とした鉄道安全の報道で、第3回石橋湛山記念早稲田ジャーナリズム大賞を受賞。早稲田大学で「取材過程論」、甲南大学で「コミュニケーション支援」の非常勤講師を務めた。著書「検証　信楽列車事故－鉄路安全への教訓」（京都新聞出版センター）、共著「ジャーナリズムの方法」（早稲田大学出版部）。日本ペンクラブ会員。

装丁・デザイン　　株式会社メディアプラン　木村康子

それぞれの**人生てつがく**

発行日　　2023年9月13日　初版発行
著者　　鈴木哲法
発行者　　枚本修一
発行所　　京都新聞出版センター
〒604-8578　京都市中京区烏丸通夷川上ル
TEL075-241-6192　FAX075-222-1956
http://www.kyoto-pd.co.jp/book/

日本音楽著作権協会（出）許諾第2305933-301号
印刷・製本　　株式会社京都新聞印刷
ISBN978-4-7638-0781-6　C0095